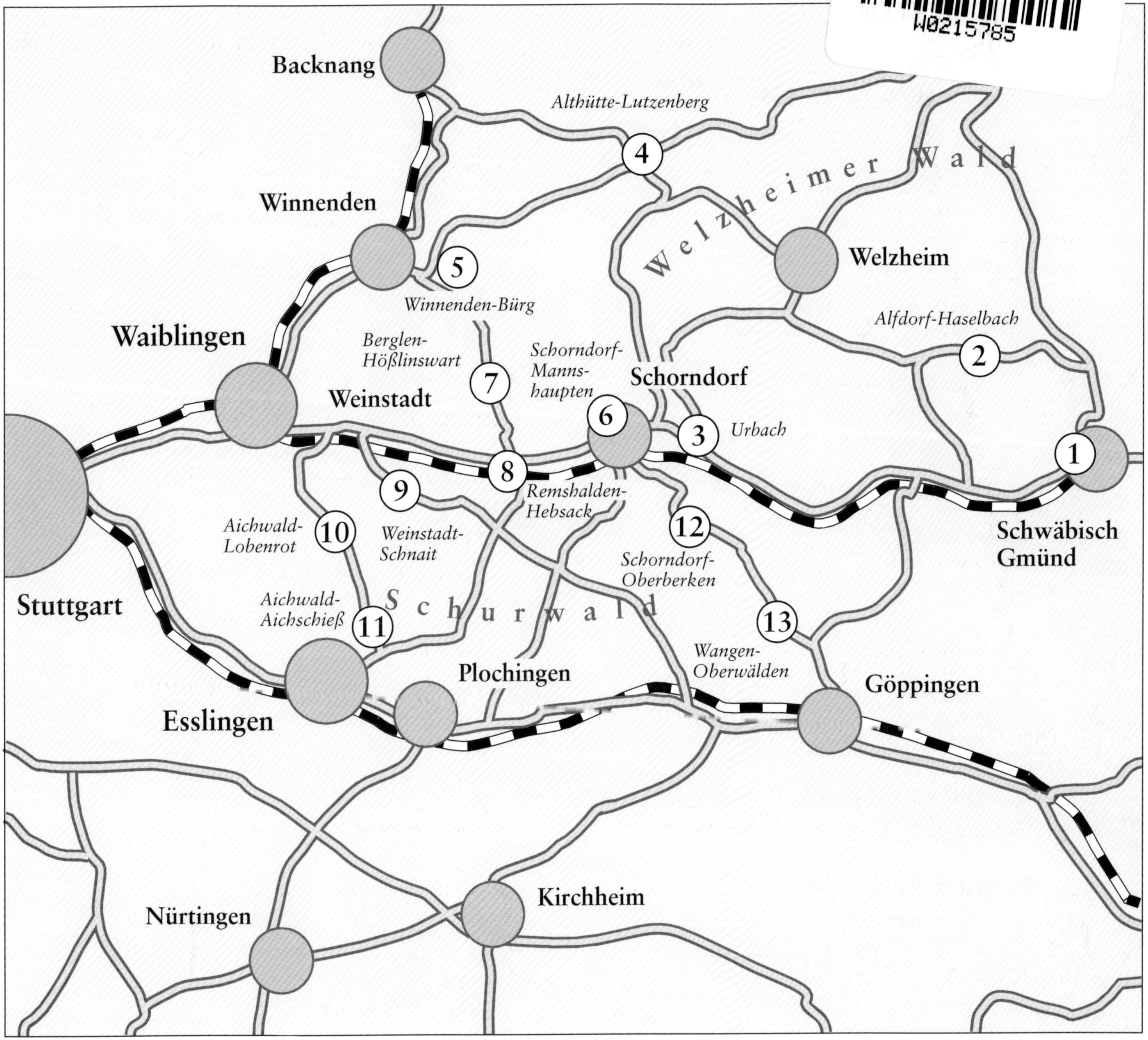

Backnang
Althütte-Lutzenberg
4
Welzheimer Wald
Winnenden
5
Welzheim
Winnenden-Bürg
Alfdorf-Haselbach
Waiblingen
Berglen-
Hößlinswart
Schorndorf-
Manns-
haupten
2
7
Schorndorf
Weinstadt
6
3
Urbach
1
8
9
Remshalden-
Hebsack
Schwäbisch
Gmünd
Aichwald-
Lobenrot
10
Weinstadt-
Schnait
12
Schorndorf-
Oberberken
Stuttgart
Aichwald-
Aichschieß
11
Schurwald
13
Wangen-
Oberwälden
Plochingen
Göppingen
Esslingen
Kirchheim
Nürtingen

Schwäbische Wirtschafts-Wunder im Remstal und auf der Höh'

Schwäbische Wirtschafts-Wunder

im Remstal und auf der Höh'

Texte von Renate Seibold-Völker und Michael Städele

Mit einem Vorwort von Dietz-Werner Steck
und einem Beitrag von Andreas Krohberger

Fotos von Gaby Schneider und Hardy Zürn

Silberburg-Verlag

Inhalt

»Ein tiefer Seufzer des Wohlbehagens«

Kommissar Bienzle alias Dietz-Werner Steck

»Bienzle sitzt in einer Ecke der Gaststube des Goldenen Adler und macht sich Notizen. Vor ihm steht ein samtroter Wein von den Reben des Remstals. Genüßlich nippt er ab und zu an seinem Glas. Die Bedienung bringt das Mittagessen – Sauerbraten mit viel Soße und Spätzle. Bienzle läßt einen tiefen Seufzer des Wohlbehagens vernehmen. Seine immerwährende Schlankheitskur hat er wieder einmal um acht Tage verschoben …« Nun, so schildert Felix Huby in seinen Krimis den Hauptkommissar Ernst Bienzle, der sich am Rande von Ermittlungen gerne an die gemütlichen Tische von schwäbischen Wirtschaften setzt. Ich will nicht überheblich sein – oh verheb's, das ist nicht des Schwaben Art, aber ich darf doch sagen dürfen, dass mir die Rolle des Tatort Kommissars sozusagen auch aus diesem Blickwinkel auf den Leib geschneidert ist. (Ich sehe es Ihnen an, was Sie jetzt denken und dabei grinsen.) Noi, noi, net weil der so rond isch, a bissle vielleicht. Nein, weil ich in meiner Rolle als Mensch auch ein Sinnenfroher bin und einfach gerne einkehre, um beim Viertelesschlotzen zwischendurch mal abzuschalten. Was ich zugegebenermaßen damit verknüpfe, das Geschehen in einem schwäbischen Wirtschaftschäftle am Stammtisch und drumrumherum, sag mr mol, hälenga (dafür gibt's kein passende Übersetzung) zu beobachten und zu verinnerlichen. Das bringt der Beruf eines Schauspielers so mit sich. Nach den Dreharbeiten genieße ich jedenfalls – am liebsten in einer Ecke mit blankem Holztisch – Maultaschen mit Kartoffelsalat (glitschig muss er sein, schwätza sotter) oder Gaisburger Marsch, manchmal au a Knöchle. (Das geht mir durch Mark und Bein, wenn mein durchaus von mir geschätzter Assistent Gächter, das Nordlicht, immer Eisbein bestellt. Der lernt des wohl nemme.) Zum Essen genehmige ich mir – jawohl erraten – einen gediegenen Trollinger. Zugegeben, zuweilen lass ich mir auch zwei oder drei Viertele gut munden – und überlasse das Steuer einem oder einer anderen. Damit der Abschied von der Labsal für Gaumen und Gemüt nicht in Trübseligkeit endet. Gradraus gesagt – ich möchte nach Drehschluss nicht gerade den Kollegen von der Verkehrsabteilung in die Hände fallen. Klappe zu – die nächste Aufnahme … Einkehren, so deuten es ja die schwäbischen Landsleute, ist immer auch mit einer inneren Einkehr verbunden. Ein Begriff übrigens, der dem modernen Sprachschatz fast schon zum Opfer gefallen ist. Mittlerweile sind auch viele alteingesessene Gasthäuser mit dem Markenzeichen der schwäbischen Hausmannskost aus dem Bild der Dörfer und Städte verschwunden. Was Kommissar Bienzle und ich zutiefst bedauern. Insofern freuen wir uns beide saumäßig, dass die Autoren dieses Buches sich dem Kulturgut des schwäbischen Wirtschäftles angenommen haben. Mit Bildern voller Lebenslust und launigen Geschichten, die das (Wirtschafts-)Leben schreibt. Dieses Buch ist kein Restaurantführer im üblichen Sinne, hier werden keine Sterne verteilt wie in den Guides für Gourmets. Die Autoren haben sich im Remstal und auf der Höh' einfach auf den Weg gemacht und dreizehn Wirtschaften für dieses Buch ausgewählt. Dass die Auswahl nur subjektiv sein kann, versteht sich von selbst. Das Autorenteam schaute in die schmackhafte Küche der Baurawirtschaft oder der Weinstube und am Stammtisch den Zeitgenossen aufs – pardon – Maul.

Als gebürtiger Remstäler – hab in Waiblingen das Licht der Welt erblickt – ist mir vieles in dieser Region, im Tal und auf der Höh' noch vertraut. Genießen Sie die Landschaft und verbinden die Einkehr mit einem Spaziergang durch Wälder, Wiesen und Reben. Ich begleite Sie gerne in die Lamms und Rössles oder Kronen, in den Hasen oder Schwanen. Jetzt aber – Klappe zu. Muss zum nächsten Auftritt nach Füssen, um beim Musical über den Bayern-König Ludwig »gar net schlecht« sächselnd den Richard Wagner zu mimen. Nix für ungut – ich mag halt Dialekt(e). In diesem Sinne darf ich neben dem »Zum Wohle!« eine unterhaltsame Lektüre wünschen – und grüßen Sie den Bienzle, wenn Sie ihn unterwegs treffen!

Dietz-Werner Steck

Koine G'wöhnliche, die Glonings

Schwanen – Schwäbisch Gmünd

Im »Schwanen« anno 1953. Rechts die Mutter von Helmut Gloning

An einem Freitagabend im Winter 1974 war's. Draußen vor der Tür klirrte die Kälte, im »Schwanen« war's wie immer heimelig warm. Dafür sorgte der Ofen mitten im Lokal – eines der Markenzeichen dieser Traditions-Wirtschaft in der Gmünder Innenstadt. Zu fortgeschrittener Stunde und in mehr oder weniger stark angeheitertem Zustand kamen ein paar junge Spunde auf die glorreiche Idee, zu flitzen. Flitzen – Sie wissen schon: Es war damals »in«, nur mit Schuhen und Strümpfen bekleidet durch die Städte zu laufen. Ansonsten nackt, wie Gott die Menschen schuf. Zwölf bis 14 Mann erklärten sich zu der Aktion bereit. Die restlichen »Schwanen«-Besucher glaubten das nicht. Doch, sagten die Jungen, das machen wir jetzt. Aber nur gegen Bares. Das war den anderen der Spaß

Nach langer Umbauzeit ein Schmuckstück geworden: der »Schwan«

Helmut Gloning, der Chef eines etwas anderen Wirtshauses, wie er leibt und lebt

wert. Ein Tablett wurde im Lokal herumgereicht, die Gäste warfen Geldscheine darauf – es konnte losgehen. Also hinaus ins Nebenzimmer und die Kleidung abgelegt! Die heutige »Schwanen«-Wirtin Emmi, damals noch Bedienung, stand an der Tür zum eigentlichen Gastraum. Mit einem riesigen Kochlöffel in der Hand. Die Jungs kamen nacheinander heraus, Emmi schrie etwas kaum Druckreifes, schlug jedem auf den Allerwertesten und – jetzt kommt's – schaute doch voller Interesse auf das Teil, das beim Mann als das wertvollste gilt.
Der Rest dieser Geschichte ist schnell erzählt. Die Flitzer machten ihrem Namen nur bedingt Ehre, denn gar so schnell trugen sie ihre Beine an diesem Abend nicht mehr, wiewohl eigentlich alle sportlich waren. Die berühmte fortgeschrittene Stunde halt. Quer über den Gmünder Marktplatz ging's, der Done setzte sich auf die Staffel der Post und wollte nicht mehr weiterlaufen. Der Paule verirrte sich und fand sich plötzlich im Lichtkegel der Scheinwerfer eines Autos wieder, in dem vier Frauen saßen und interessiert zuschauten, was der Paule da machte. Schließlich landeten alle mehr oder weniger wohlbehalten in Jo's Kneipe, wo die Klamotten hingekarrt worden waren. Dass dem Done dann so schlecht war, dass er die Toilette längere Zeit aufsuchen musste, sei nur am Rande erwähnt. Jedenfalls machte sich die Truppe nach dem Anziehen wieder auf den Weg in den »Schwanen«, wo das gesammelte Geld – völlig überraschend – in alkoholische Getränke umgesetzt wurde. Das ist nur eine von vielen Geschichten, die im Lauf der Jahre im »Schwanen« passiert sind. Sie alle zu erzählen, würde allein ein Buch füllen.
Noch eine, weil's so schön ist?
Bekanntlich waren in Schwäbisch Gmünd viele Jahre lang amerikanische Soldaten stationiert. Die höheren

Guggenmusiker dürfen Glonings Heiligtum betreten, die Küche

Helmut Gloning – ein gewissenhafter Mensch und trotzdem sehr oft leutselig

Wenn die Guggenmusiker da sind, gibt's im »Schwanen« kein Halten und vor allem keinen Platz mehr

Chargen saßen sogar zeitweise am »Schwanen«-Stammtisch. An einem Faschingsdienstag, lange vor Erfindung der Fernsehsendung »Wetten dass …«, haben sie geprahlt, sie würden es sogar schaffen, eine Kuh in die Wirtschaft zu holen. Keiner glaubte das, Wetten wurden abgeschlossen, und dann hat irgendjemand den Viehhändler Hänle angerufen. Der kam tatsächlich mit einem Rindvieh, das marschierte um den Stammtisch herum, und Emmi bekam schier einen Anfall: »Wenn die Kuh reischeißt, passiert was Furchtbars!« Es passierte nichts, und Emmi beruhigte sich wieder. Auch mit Motor- und Fahrrädern wurde im Gastraum herumgefahren. Da war Leben in der gemütlichen Bude.

Der »Schwanen«, er ist eng verbunden mit dem Namen Gloning. Den kennen die meisten Gmünder (Zugezogene nicht mitgerechnet). Helmut Gloning ist ein Gmünder Original. Wenn der Mann zu erzählen anfängt, hört er nicht mehr auf. Und wer etwas über Schwäbisch Gmünd und die Leute dieser Stadt erfahren will, ist bei ihm gut aufgehoben. Zeit muss er allerdings mitbringen, das ist Voraussetzung.

Überhaupt kein G'wöhnlicher ist dieser Helmut Gloning. Ein Polterer mit weichem Herz, gewöhnungsbedürftig, sehr gewöhnungsbedürftig. Aber krumm nimmt ihm seine raue Art niemand. Man muss ihn halt kennen. Da kann's schon mal sein, dass der Küchenchef in seinem Reich herumschreit, dass alle meinen, jetzt explodiert er gleich. So wie während der BSE-Krise. Da streckte er seinen Kopf aus der Küche raus und wetterte mit immenser Lautstärke: »Kuddla gibt's koine wege dem scheiß BSE. Erscht wenn der Zirkus vorbei isch, mach i

Eine Schuhplattler-Gruppe kommt zum Üben in den »Schwanen«

wieder welche.« Kein Widerspruch an diesem Freitagabend in der vollbesetzten Wirtschaft. Apropos vollbesetzt: Der »Schwanen« hat seit vielen Jahren nur freitags und samstags geöffnet. Offiziell. Und wer vor allem in der Zeit zwischen September und Mai nicht reserviert hat, muss schon arg Glück haben, wenn er einen Platz finden will. Und er darf keine Berührungsängste haben.

Seit 1914 ist der »Schwanen« im Besitz der Glonings. Helmuts Vater Andreas hat das Gebäude gekauft, das ums Jahr 1700 herum das erste Mal als »Schildwirtschaft zum goldenen Schwanen« in einer Urkunde auftaucht. Helmut Gloning war 19 Jahre alt, als sein Vater starb. Jetzt musste er ran. Deshalb ist er auch »nur« Küchenchef – zum Meister hat's angesichts der schwierigen Situation nicht mehr gelangt. Der Qualität und Zubereitungsart der Speisen merkt

Emmi, die andere Seele des »Schwanen«, ist immer und überall für ein Schwätzle zu haben

Der alte Ofen: nicht mehr in Betrieb, aber immer noch charakteristisch für den »Schwanen«

man das aber nicht an. Da gibt's nicht mal einen kleinen Unterschied zwischen einem, der den Meisterbrief in der Küche hängen hat, und ihm. »Älles frisch, do wird koi Päckle aufg'macht«, versichert Gloning, und das schmeckt man auch. Übrigens: Pommes gibt's im »Schwanen« keine. Auch nicht für Kinder. »Die sollet Spätzle mit Soß essa«, meint der Wirt.

Stur und bisweilen streitsam kann er sein, der Helmut Gloning. Bester Beweis dafür ist die Renovierung des Gebäudes – der »Schwanen« ist wohl die älteste Baustelle in Schwäbisch Gmünd. 1975 wurde mit der Sanierung angefangen, bis heute ist sie nicht abgeschlossen. Fuchsteufelswild wurde Helmut Gloning, als ihm verschiedene Behörden untersagen wollten, das Fachwerk freizulegen. Es erübrigt sich die Frage, wer sich letztendlich durchgesetzt hat – der »Schwanen«-Wirt natürlich.

Die Küche ist Helmut Glonings Heiligtum. Wer da rein darf, hat großes Glück gehabt, er kann sich zu den wenigen Auserwählten zählen. Eine Ausnahme gibt's aber: Wenn die Guggenmusiker nach Gmünd kommen – die Treffen der Freunde von schräger Musik haben in dieser Stadt Tradition –, darf die eine oder andere Kapelle in der Küche Musik machen. Allen voran die aus Munderkingen. Ansonsten ist die Küche tabu. Nur wenn's wirklich brechend voll ist, dann halten auch hier die Dämme nicht mehr. Während eines Guggenmusiktreffens vor ein paar Jahren spielten drei Kapellen gleichzeitig im »Schwanen«. Eine in der Küche, eine im Gastraum und eine im Hausgang und auf der Straße. Wer Guggenmusik kennt, kann sich vorstellen, was da lärmmäßig abgegangen ist.

Helmut Gloning freilich ist nur die eine Seele des »Schwanen«. Die andere ist seine Frau Emmi. Sie stammt aus Stimpfach bei Ellwangen, kam irgendwann nach

Die Jugend muss im »Schwanen« auch mit Hand anlegen, wenn Not am Mann ist

Gmünd und verdiente ihr Brot als Bedienung im »Schwanen«. Bis Helmut Gloning Mitte der siebziger Jahre eines schönen Tages zu ihr sagte: »Dätsch net dobleiba em ›Schwana‹?«
Emmi tat's. Drei Kinder hat das Ehepaar, Andreas, Michael und Christine. Der Älteste, Andreas, schlägt dem Vater nach. Er hat Koch gelernt im Haghof bei Alfdorf und hilft aus im »Schwanen«, wenn Not am Mann ist.
Ja ja, die Emmi. Sie passt zu ihrem Helmut, auch wenn's Außenstehende auf den ersten Blick vielleicht nicht so sehen. Da fliegen vor den Gästen schon mal die Fetzen. Rau, aber herzlich gehen die beiden miteinander um. Selbstbewusst ist sie, die Emmi, die mit jedem Gast redet wie ein Wasserfall, die unter anderem für die immer liebevolle Tischdekoration sorgt und auch mal bei dicker Luft aus der Küche kommt und in die Stammtischrunde trompetet: »Der ka doch z'frieda sei, der hätt ja au statt mir an Besa kriaga kenna.«
Dass das Ehepaar Gloning sich versteht, sich vielleicht auch zusammengerauft hat und es wohl heute noch muss, belegen zwei Sätze, die bei der Silbernen Hochzeit am 28. August 2001 gefallen sind. Emmi Gloning sagte mit dem Brustton der Überzeugung: »Des schaffet mir bis 50.« Also bis zur Goldenen Hochzeit (da wäre der

Die Emmi: als Bedienung hat sie angefangen, auch als Chefin ist sie eine herzliche Bedienung geblieben

Wirt schon 85, seine Frau 75 Jahre alt). Und Helmut Gloning sieht die Emmi so: »Die Welt wäre ärmer, wenn du vor 25 Jahren nicht ›Schwanen‹-Wirtin geworden wärst.« Dem ist nichts mehr hinzuzufügen. Das ist das Leben, die Mentalität und die Menschlichkeit im »Schwanen«, einem Wirtshaus, in dem man sich wohlfühlen kann, ja muss. Wenn, ja wenn man keine Berührungsängste hat.

Eigentlich keine Ähnlichkeit mit einem Igel

Waldrestaurant Mecki – Alfdorf-Haselbach

Der »Mecki« –
Namensgeber und Markenzeichen

Wanderer, Radler, Autofahrer: Kommst du ins Haselbachtal (so du es findest), versäume nicht, im »Mecki« einzukehren. Und wundere dich auch nicht über den Namen, den das Waldrestaurant trägt. Denn wenn du erst einmal die Geschichte kennst, wirst du verstehen, warum das »Mecki« »Mecki« heißt, ja heißen muss. Das kam nämlich so: In den Fünfzigerjahren besuchte ein gewisser Heinz Hörsch in Alfdorf die Volksschule, wie damals die Grundschule noch geheißen hat. Dem hat sein Vater, von Beruf Landwirt, wie seinen vier Geschwistern auch regelmäßig einen Kurzhaarschnitt verpasst. Weil das billig und Geld rar war. Der Lehrerin des Heinz Hörsch, einer gewissen Frau Bergtold, hat das sehr gut gefallen. Und diese Dame schickte ihre Schüler jede Woche kurz weg, um die

Idyllisch, ruhig und auch für Radler geeignet: der Weg ins Haselbachtal

Heinz Hörsch und seine langjährige Lebensgefährtin Anita Ott gemeinsam in der Küche

»Hör zu« für sie zu besorgen. Das Maskottchen dieser Zeitschrift war der Igel »Mecki«. Und weil der Heinz Hörsch nach Ansicht der schon vor Jahren verstorbenen Pädagogin die gleiche Frisur wie der Mecki in der »Hör zu« trug, hatte der Bub seinen Namen weg. »Mecki« halt. Das ist dem Heinz Hörsch bis heute geblieben und es hat ihm arg gefallen, tut es heute noch.
Damals hat der Heinz Hörsch dann »Mecki« auf alle seine Hefte und Bücher geschrieben. Selbst der Hausarzt Dr. Adolf Faber, der später zum Ehrenbürger von Alfdorf ernannt worden ist, hat auf die Rezepte für Heinz Hörsch den Zusatz »der Mecki« gekritzelt. Der Spitzname begleitet den Mann zeit seines Lebens, und er hat ihm manchen Weg geebnet.
Beispielsweise 1980, als Heinz Hörsch von Marie Rauh das Waldrestaurant Haselbach kaufen wollte. Andere Interessenten waren mit im Rennen, und die boten mehr als der Heinz Hörsch. Die Marie Rauh hat aber damals nicht gar so viel Wert aufs Geld gelegt und gesagt: »Der Mecki kriegt's, sonst niemand.« Und der Dr. Faber hat gesagt: »Das Gasthaus muss Mecki heißen, ich stehe dafür sogar Pate.« Also heißt das Lokal im Haselbach bis zum heutigen Tag »Mecki«. Wie der Wirt halt. »Meinen Vornamen kennen die wenigsten«, sagt Heinz Hörsch.
Meckis ziehen sich wie ein roter Faden durch die Lokalität. Auf der Theke steht ein Mecki-Koch, in einer Vitrine ist eine Auswahl aus der Sammlung (es gibt rund 150 verschiedene »Mecki«-Figuren) zu sehen. Gäste, Freunde und Bekannte haben Heinz Hörsch die Igel-Plastiken geschenkt. Da sind im Laufe der Jahre recht kuriose Dinge zusammen gekommen. Zum Beispiel hat ein zweijähriger Bub Nägel in ein Holzstück geschlagen. Fertig war der Mecki, wenn auch mit mehreren krummen Stacheln.

Anita Ott schenkt ein und bedient die Gäste

Unter dem Strich ist »Mecki« ganz zufrieden mit seinem »Mecki« – man sieht's

Fremder, kommst du ins Haselbachtal, dann lass es dir im »Mecki« gut gehen

Der zweibeinige Mecki Heinz Hörsch hat Metzger (und dann Koch) gelernt, seine Liebe zu Tieren durch diesen Beruf aber nie verloren. Der Spitzname ist für ihn Berufung geworden. Deshalb überwintert er in seinem Anwesen ganz am Ende des Haselbachtals auch Igel. Für eine ganz andere Tierart hat er auch sein Herz entdeckt: für die Ameisen. Er lässt die Insekten in seinem Garten Haufen bauen, setzt diese dann im Wald aus und beobachtet, ob die Tierchen sich dort auch wohlfühlen. Meistens ist dem so.

Die Metzgerlehre machte Heinz Hörsch im »Stern« in Alfdorf. Dort hat er seine Liebe zur Gastronomie entdeckt. Denn sein Lehrherr Wilhelm Wiedmann ging abends praktisch von der Wurstküche in die Küche der Wirtschaft. Heinz Hörsch folgte ihm. Logische Folge war eine zweite Lehre als Koch. Im »Schützen« in Schorndorf – damals die erste Adresse in der Daimlerstadt – war er der erste Stift von Küchenmeister Hans-Joachim Moritz.

Im »Mecki« im Haselbachtal sind nicht gar so viele Stammgäste zu finden. Kein Wunder – der Flecken, der zu Alfdorf gehört, hat gerade mal an die 200 Einwohner. Einzige Ausnahme ist der Sonntagabend. Da kommen die Haselbacher in die einzige Gaststätte am Ort. Immer die Gleichen. Männer und Frauen. Und dann ist da noch der Rosenmontag, der »Haselbacher Heimattag«, »Mecki« hat ihn ins Leben gerufen. Da wird dann schon mal ein Schwein geschlachtet. An diesem Tag nur für die Haselbacher. Und dann kommen auch die, die sonst gar nicht aus dem Haus gehen.

»Des isch so henda domma, des fendet mr ja kaum«, sagen viele, wenn sie zum ersten Mal ins »Mecki« kommen. Aber auch die erkennen, dass sich der Weg ins Haselbachtal lohnt, weil dort bodenständige schwäbische Küche (Spezialität: Maultaschen) angeboten wird. Und

Wenn's voll ist im »Mecki«, gibt's für »Mecki« in der Küche einiges zu tun

weil sie zufrieden wieder heimgehen, erzählen sie's Freunden und Bekannten weiter. Durch die Mund-zu-Mund-Propaganda können Heinz Hörsch und seine langjährige Lebensgefährtin Anita Ott ganz gut leben. Zumal sie seit 1983 einen Party-Service anbieten, der natürlich auch etwas einbringt. Wer übrigens sonntags um die Mittagszeit einen Platz im »Mecki« haben will, ist gut beraten, vorher anzurufen. Sonst hat er womöglich Pech gehabt. Denn wenn die 90 Stühle, die im Lokal stehen, erst einmal vergeben sind, geht nichts mehr. Eine Doppelbelegung, wie sie anderweitig leider gang und gäbe ist, gibt's bei Heinz Hörsch nicht.

Die Karte im »Mecki« ist immer die gleiche. Der Sonntag ist die Ausnahme. Da gibt's zusätzlich ein besonderes Gericht. Das kann dann auch mal was Ausgefalleneres sein, wenn zum Beispiel der Baron vom Holtz aus Alfdorf ein Reh geschossen und es an Heinz Hörsch abgegeben hat. Der zerlegt es dann und bereitet es zu.

Wenn's den Gästen im Waldrestaurant am Ende des Haselbachtales gut geht ...

... dann freuen sich der große und auch der kleine »Mecki«

Wer so einen Tag erwischt, liegt nie falsch.
Im abgelegenen Haselbachtal kann's auch mal abenteuerlich bis gefährlich zugehen. Wie bei »Lothar« am zweiten Weihnachtsfeiertag 1999. Da war der Ort, und damit auch das »Mecki«, stundenlang völlig von der Außenwelt abgeschnitten. Keinen Strom gab's, das Telefon war tot. Für rund 40 Gäste war das alles andere als ein Vergnügen. Sie wollten nämlich Geburtstag feiern, ein paar Leute fehlten noch. Und die, die im »Mecki« saßen, machten sich Sorgen. Weil sehr schnell klar war, dass Bäume über den Straßen lagen und die Gefahr drohte, dass weitere umstürzen würden. Heinz Hörsch hat sich zusammen mit ein paar Leuten auf die Suche gemacht, selber versucht, die Baumstämme zu zersägen, und es dann aufgegeben. Zu gefährlich war's. Der Mann erinnert sich mit Grausen: »Ich hab noch nie so Angst gehabt.«
Lustiges gibt's aber auch aus dem Gasthaus am Ende des Tales zu berichten. Das zum Beispiel: Heinz Hörsch und seine Lebensgefährtin besuchen regelmäßig in Bremerhaven Fachseminarlehrgänge für das Zubereiten von Seefischen und Meeresfrüchten. Hinterher gibt's dann Fischabende, an denen das Erlernte umgesetzt wird.
Eines schönen Tages waren Sportler des TSV Alfdorf da, unter anderem kredenzte Heinz Hörsch Austern. Kommentar des Dorfschmieds aus Alfdorf, auch einer der Gäste, hinterher: »'s Beschde an de Auschtern sen d' Zitrona.« Dem ist kaum etwas hinzuzufügen.
Die langjährigen Lebensgefährten Heinz Hörsch und Anita Ott. Es geht uns ja nichts an, aber warum sind sie eigentlich nicht verheiratet? »Mecki« antwortet ein bisschen verlegen: »Dazu hat's uns noch nicht gereicht, wir richten lieber andere Hochzeiten aus.« Auch dem ist eigentlich nichts hinzuzufügen.

Zweite Heimat für VfB-Fans

Hasen – Urbach

Von außen eher unscheinbar: der »Hasen« mit Metzgerei

Dass sich manche Ober- und Unterurbächer bis heute nicht gar so grün sind, ist in Urbach eine Binsenweisheit. Sogar zwei konkurrierende Sportvereine hat's bis 1988 in diesem Ort gegeben, als die beiden Kommunen längst vereint waren. Schon insofern kommt dem »Hasen«, im früheren Oberurbach gelegen, eine ganz besondere Bedeutung zu. Denn es war die erste Wirtschaft, in der Mitglieder des TSV und des 1. FC-TV (das waren die beiden Vereine in Ober- und Unterurbach) gemeinsam an einem der wenigen Tische gesessen sind. Und sich nur bedingt gestritten haben.

Das mag vielleicht daran liegen, dass Gemeinsames über die kommunalen Vereinsgrenzen hinaus verbindet. In diesem speziellen Fall die Kicker vom

Die Wirtsleut Walz und der Sparkassendirektor Bernhard Blümle (rechts) im Gespräch

Fast jeden Freitag treffen sich die passionierten Kartenspieler

Wasen, die des VfB Stuttgart also. Ob erfolgreich oder weniger erfolgreich (wie in der Saison 2000/2001, als »der Lampen« schier aus der ersten Bundesliga abgestiegen wäre) – der VfB war und ist immer ein Thema im »Hasen«. Was für ein Segen, dass es seit geraumer Zeit die Möglichkeit gibt, per Premiere World die Auftritte der Wasenkicker in diesem Wirtshaus live zu verfolgen. Dann sind sich alle einig: Der VfB ist ihr Ein und Alles. Auch wenn Spiele verloren gehen, was in besagter Spielzeit sehr zum Leidwesen der geplagten Fans nur allzu häufig der Fall war.

Früher war das notgedrungen ein bisschen anders. Da gab's samstags die »Sportschau« im Ersten mit Ausschnitten aus den Spielen, am späteren Abend dann das »Aktuelle Sportstudio« im Zweiten, fertig. So kam's nicht von ungefähr, dass am Sonntagvormittag Sportlerstammtisch im »Hasen« war. Bei Bier und Viertele wurde der Verlauf der Spiele des Vortrags, speziell der des VfB, heftigst analysiert.

Selbst das Wirtsehepaar Gerhard und Anne Walz, das seit mehr als 40 Jahren im »Hasen« das Sagen hat, ist vom VfB-Virus infiziert. Wenn samstagnachmittags ihr Platz hinter der Theke verwaist ist, weil ein Stadionbesuch auf dem Programm steht, bleibt die Wirtschaft jedoch nicht geschlossen. Rainer Stadelmann (genannt Felix) und Peter Ziesel (genannt Pitt) kümmern sich dann darum, dass die Gäste versorgt werden.

Der vor einigen Jahren verstorbene Geschäftsmann Ernst Lachenmaier war dem »Hasen« eng verbunden. Er, der in jungen Jahren mal als Torwart bei 1860 München spielte, war Stammgast – und was für einer! Dort, wo er immer saß, ist heute noch ein Schild angebracht, auf dem steht: »Ernst-Lachenmaier-Platz«. Kein Wunder. Denn egal, aus welchem Eck der Erde Lachenmaier von einer Geschäfts-

Im »Hasen« spielt die Musik – oft in zweifacher Hinsicht

Stammgast Bernhard Blümle, eigentlich Posaunist, greift auch mal zur Gitarre

Ein Serano-Schinken ist im »Hasen« auch schon kredenzt worden

reise kam, ob aus Dallas, Hongkong oder Berlin: Sein erster Weg führte ihn grundsätzlich in den »Hasen«. Aber nicht nur für Fußballfans ist der »Hasen« seit vielen Jahren eine zweite Heimat. Bei wie vielen Nachsitzungen zumindest früher die Gemeinderäte dort waren, lässt sich nicht mehr feststellen, und das ist vielleicht auch besser so. Die Mitglieder des Gesangvereins 1925 benetzen heute noch nach der Singstunde im »Hasen« ihre trockenen Kehlen, die Segelflieger kommen und auch die Mitglieder des Posaunenchors. Vor allem in der Zeit vor Weihnachten ist einiges geboten, wenn Bläser und Sänger sich im kleinen Gastraum ein Stelldichein geben. Wenn dann der Sparkassendirektor zur Gitarre greift, bleibt kein Auge trocken. Auch dann nicht, wenn die Mitglieder des Clubs »Ruhige Kugel« im »Hasen« sind. Wie der Name schon sagt, handelt es sich dabei um Kegler, aber um ganz besondere. Denn sie singen auch. Es ist wohl der einzige singende Kegelclub in der weiteren Umgebung.

Dass der »Hasen« eigentlich eine alte Wirtschaft ist, sieht man heute weder dem Gebäude noch den Innenräumen an. Zigmal wurde das Haus umgebaut. Und kaum jemand kann erahnen, dass es früher im ersten Stock einen Saal gab. Das einzige Indiz dafür, dass der »Hasen« nicht aus neuerer Zeit stammen kann, ist die Tatsache, dass zum Wirtshaus eine Metzgerei gehört. Im gleichen Gebäude werden Fleisch und Wurst verkauft. Gerhard Walz war dafür bis 1998 verantwortlich, dann hat er die Metzgerei zwar an Dieter und Steffi Kempter übergeben, mischt aber immer noch zwei- bis dreimal in der Woche mit. Die Kempters sind übrigens begeisterte Fallschirmspringer, und so schwebten am Tag der Neueröffnung Ex-Turn-Ass Eberhard Gienger und Fallschirm-Weltmeister Klaus Renz aus den Lüften vor dem »Hasen« ein – das kommt in Urbach auch nicht alle Tage vor.
Unter der Walzschen Ära war Tradition, dass es am

Der Serano-Schinken: von einer Geschäftsreise wurde er aus Spanien mitgebracht und landete im »Hasen«

Die VfB-Fans verfolgen am Fernseher, wie die Wasenkicker spielen, und sie zittern (wie in der Saison 2000/2001) vor allem mit

Schlachttag ab 10 Uhr morgens grundsätzlich »Gräha« gab. Das ist Siedfleisch mit Grünzeug, gegessen wurden dazu Brot oder Nudeln. Diese Zeiten sind freilich vorbei. Die Wirtsleute im »Hasen« und ihre Gäste. Das ist zwar ein eingeschworener Haufen, aber Fremde werden nicht schief angeschaut. Im Gegenteil. Kommen Neulinge, werden sie in der Regel so begrüßt: »Wie hoißet ihr, wo kommet ihr her?« Da ist das Eis dann schnell gebrochen. Und sollte der »Hasen« offiziell geschlossen haben, was nicht selten vorkommt, dann dürfen auch sie nach Gerhard Walz und seiner Frau rufen. Die kommen dann meistens und schließen auf. Ausnahmen bestätigen die Regel: Wenn das Gottlieb-Daimler-Stadion gelockt hat und Felix und Pitt nicht da sind, bleibt die Wirtshaustür in der Beckengasse 16 an diesem Nachmittag geschlossen.

Musik und gleichzeitig miteinander schwätzen – im »Hasen« kein Widerspruch in sich

Mittwochs spielt die wilde Hilde

Schöne Aussicht – Althütte-Lutzenberg

1895 kamen die
Gäste mit der Kutsche

Sie gibt den Ton und den Takt an, haut die Hacken an ihren Akkordeonkoffer und greift in die Tasten der Quetschkommode. Hilde Hermann ist 82 Jahre jung und zierlich, die Haare trägt sie schwarz. Die kleinen Füße stecken in Pumps mit leicht erhöhten Absätzen. Wenn sie spielt, setzt sie ihr Pokerface auf und beobachtet genau, ob die Damen und Herren der Seniorengruppe sich im richtigen Takt drehen. Zu »Veronika, der Lenz ist da« oder »Am Sonntag will mein Süßer mit mir segeln geh'n«. Sofern … sich Mann oder Frau aber den Frank Sinatra wünschen, dann nimmt das Energiebündel ihr Akkordeon vom Schoß, dreht sich um und spielt zur musikalischen Abwechslung »Strangers In The Night« auf dem alten Klavier im Gasthaus zur schönen Aussicht in Lutzenberg.

Die wilde Hilde hat
alles im Griff …

»Darf ich bitten?« – Damenwahl zu »Veronika, der Lenz ist da«

Immer mittwochs bringt die wilde Hilde – so wird sie hier und in der Umgegend genannt – die älteren Herrschaften in Bewegung. Wobei auf dem Tanzboden der Anteil der Frauen weit über 50 Prozent liegt. So tanzen eben Damenpaare auf Hildes Kommando durchs Nebenzimmer oder »in den Himmel und ins Glück«. Und zwischendurch labt sich die Gesellschaft am hausgemachten Obstkuchen oder ofenfrischen Salzkuchen von der Wirtin Gunda Haug.
»Eigentlich müsste ich von der Krankenkasse Geld bekommen, weil ich die Alten fit halte«, sagt Hilde. Für sie selbst ist Musikmachen der Jungbrunnen, mit dem sie hundert Jahre alt werden möchte. »Damit die Menschheit endlich draufkommt, dass ich etwas Besonderes bin.« Seit Jahrzehnten tingelt die wilde Hilde durch die Lande, hat nach dem Krieg in der Wieslauftalkapelle gespielt und reiste zuweilen mit ihrem Akkordeon auch nach Frankreich und Italien. Bis vor einigen Jahren führte sie ein kleines Friseurgeschäft in Rudersberg. Seit 70 Jahren spielt sie Klavier. Nicht nach Noten, »die hab ich im Kopf«. Mit Musik befreit sie ihre Seele von den Schattenseiten des Lebens. Reich sei sie nicht geworden, aber glücklich geblieben, lacht die wilde Hilde und greift in die Tasten. Ja, ihre Geschichte würde wohl viele Seiten füllen. Aber das wäre dann ein anderes Buch ...
Kehren wir also zurück in die »Schöne Aussicht« und werfen einen Blick in die Küche. Am Herd steht Hansjörg Haug. Der 28-jährige Küchenmeister hat jüngst von seinen Eltern Gunda und Hans-Peter Haug das Zepter überreicht bekommen. In siebter Generation führt er die Wirtschaft in die Zukunft. Mit manchen neuen Akzenten auf den Tellern und für den Gaumen, aber der Tradition einer alteingesessenen schwäbischen Wirtschaft treu blei-

Küchenmeister Hansjörg Haug führt in siebter Generation die Wirtschaft in die Zukunft

Gemütliche Ecke mit schöner Aussicht ...

»Hoch auf dem gelben Wagen« – das Gasthaus diente einst als Landpoststelle

bend. So sieht jedenfalls bisher die Konzeption des jungen Mannes aus.
Mutter Gunda und Vater Hans-Peter betätigen sich freilich weiterhin als fleißige Geister in der Küche und im Gastraum. Sie bedient mit großer Umsicht die Gäste, bäckt samstags frisches Brot nach dem Rezept des Seniorchefs und Zwetschgenkuchen nach Großmutters Art. Er macht deftig-würzige Bauernbratwürste und kümmert sich um die betriebswirtschaftlichen Notwendigkeiten des Gasthauses – vor und hinter dem man an warmen Tagen launig und lauschig verweilen kann. Sich verköstigen bei Grillabenden mit frischen Salaten – »nix aus der Dos«, betont der Seniorchef. Auf Selbstgemachtes legt der Familienbetrieb im 150-Seelen-Dorf auf der Höhe des Schwäbischen Waldes größten Wert. Bei den Maultaschen zum Beispiel. Wenn die Herstellung des berühmten und beliebten Schwabenmahls ansteht, dann läuft das bei der Haug-Truppe wie am Schnürchen. Fast in stummer Verständigung wird die Fülle gemacht, der Teig ausgerollt, gewickelt und geschnitten.
Vor fast dreißig Jahren haben Gunda und Hans-Peter Haug die Gaststätte von ihrer Familie übernommen. Die Vorfahren betrieben in Lutzenberg neben der Wirtschaft noch eine große Landwirtschaft.
In der Mitte des 19. Jahrhunderts wurde das Haus erbaut. Der erste Ausschank geht auf das Jahr 1853

Samstags bäckt Gunda Haug frisches Brot

Saure Kartoffelrädle

Rezept von Hansjörg Haug, »Schöne Aussicht«, Lutzenberg

Für 4 bis 6 Personen

750 g gekochte und geschälte Kartoffeln, 250 g Fleischkäse oder Schinkenwurst, 4 Stück mittelgroße Essiggurken, etwas Schnittlauch zum Bestreuen.
Für die Soße: 50 g Schmalz, 75 g Mehl, eine mittelgroße Zwiebel, 1 EL Tomatenmark, 1 1/4 l Brühe, 1 Lorbeerblatt, 2 Gewürznelken, Salz, Pfeffer, etwas Essig oder Gurkenfond.
Das Mehl im Schmalz braun rösten, dann die feingeschnittene Zwiebel, Lorbeer, Nelke und das Tomatenmark dazugeben, kurz mit angehen lassen und mit der Brühe ablöschen. Aufkochen lassen und etwas köcheln lassen, damit das Mehl richtig binden kann. In der Zwischenzeit Karoffeln rädeln, Wurst und Gurken in Würfelchen schneiden. Nun die Zutaten in die köchelnde Soße geben und mit Salz, Pfeffer und Essig oder Gurkenfond nach Belieben abschmecken. Zum Schluss mit geschnittenem Schnittlauch bestreuen und servieren. Dazu schmeckt Bauernbrot aus dem Holzofen.

zurück. Im heutigen Gastraum befand sich einst die Webstube der Bauersleut', später diente sie als Landpoststelle und damit als Dreh- und Angelpunkt des dörflichen Sozialwesens. Die mit grünen Fliesen verkleidete Theke mit aufgemalter Pferdekutsche bleibt als Erinnerung an die Epoche der Postillione. Als Blick auf eine romantische Zeit, in der kein Handy in der Brusttasche dödelte.
Ebenso nostalgisch und fast aus dem Sprachschatz verschwunden ist der Begriff Fremdenzimmer, die es in der »Schönen Aussicht« schon lange gibt und die auch hier natürlich nicht mehr als solche bezeichnet werden. Zehn, frisch renoviert, stehen den Gästen zur Verfügung. Früher kamen die so genannten Fremden aus Stuttgart hierher zur Sommerfrische, um zu wandern. Da war nix mit Mallorca oder Ibiza. Urlaub hieß Naherholung mit bodenständiger Kost. In Lutzenberg bekochte Gunda Haugs Tante Elis' bis zu fünfzig Urlauber am Tag. Heute suchen Durchreisende und Monteure für eine Nacht ein Ruhekissen. So ändern sich halt die Zeiten.
Nun steht der Ururururenkel der Begründer am Herd. Neben der bodenständigen Kost wie gute Vesper, Klößchensuppe oder Rinder- und Sauerbrauten, wagt Hansjörg Haug auch mal Neues, füllt Pfannkuchen mediterran und reicht freitags zwei Gerichte mit Fisch. Aber auch die ganz einfachen Dinge der schwäbischen Küche stehen zuweilen auf der täglich wechselnden Karte. Wie saure Kartoffelrädle. Hansjörg Haug hat die fast vergessene Mahlzeit während eines Aufenthalts in Lappland gekocht. Die Finnen waren begeistert. Die Chronistin kann das nachvollziehen. Für saure Kartoffelrädle würde sie glatt die Kunst von Deutschlands Spitzenköchen links liegen lassen und auf Schusters Rappen mit Rucksack gen Lutzenberg pilgern.

Plaudern über dem Kesselrand

Seit' an Seit' hängt Hans-Peter Haug seine selbstgemachten Bratwürste auf

Eine reine Frauenbastion

Krone – Winnenden-Bürg

Der Urgroßvater
der heutigen Kronen-Wirtin
hat dieses Gasthaus gegründet

Der Gast sitzt in der gemütlichsten Ecke des Lokals. »Lust-Eckerl« steht auf einem geschnitzten Holzschild. Aber der gute Mann hat's furchtbar eilig an diesem gemütlichen Samstagnachmittag. Er isst den letzten Bissen vom Wildschweinbraten, der ihm, wie man seinen Gesichtszügen entnehmen kann, durchaus gemundet hat, und ruft sodann nach der Bedienung. »Schnell, bitte schnell zahlen«, wird er schon unruhig, weil die beiden Frauen gerade eine Kaffeeklatschgesellschaft mit hausgemachtem Kuchen versorgen. Das braucht halt auch seine Zeit. Und die haben die Menschen offensichtlich immer weniger. Das sind die Erfahrungen von Erika Rüd und Rosa Krauss. Seit über zwanzig Jahren erweisen sie in Bürg, dem auf der Höhe gelegenen Stadtteil von Winnenden, in der »Krone« den Gästen ihren Dienst.

Chefin Annegret Kehrer
greift in die Schnitzel

Der Stammtisch gibt einen aus und die Frauen halten mit

Mit großer Gelassenheit und viel Humor, den dieser Job zuweilen abverlangt.
Der eilige Herr wird freundlich abkassiert und verabschiedet. Erika Rüd zwinkert der Kollegin zu und meint: »Was braucht der denn en d' Wirtschaft ganga, wenn er koi Zeit hann will?!« Rosa Krauss stimmt ihr lachend zu und zapft ein frisches Bier, auf das der Nächste wartet.
Im Laufe der zwei Jahrzehnte, die sie im Reich der Dienstleistung schon verbrachten, haben sie mit Männlein und Weiblein so allerhand erlebt. »Manchmal muss man sich viel gefallen lassen, aber wir haben ein dickes Fell«, sagen die beiden unisono. Unterm Strich, da sind sie sich ebenfalls einig, können sie freilich eine positive Bilanz ziehen.
Das liegt sicher am guten Teamwork in der »Krone«, die ausschließlich von Frauen regiert wird. »Ja«, sagt die Chefin Annegret Kehrer kehlig lachend, »wir sind eine reine Weiberwirtschaft.« Und diese Bastion in Bürg, dessen Wahrzeichen ein Turm ist, wackelt nicht. Vor über einem Vierteljahrhundert hat die adrette Hotelfachfrau das Zepter im elterlichen Betrieb in die Hand genommen.
Zuvor war das rund 170 Jahre alte Gasthaus einige Jahre verpachtet gewesen und stand wegen falscher Wirtschaftsführung fast vor dem Aus. Die Hotelfachfrau Annegret Kehrer, deren Urgroßvater das Gasthaus gegründet hat, kehrte nach Lehr- und Wanderjahren an der See und in den Alpen an den heimischen Herd zurück und machte das heruntergewirtschaftete Haus wieder zu der gutbürgerlichen gemütlichen Stube, die es einst gewesen war.
In den ersten Wochen des Neubeginns war die Frauenbastion alles andere als belagert. Damals musste

Hochbetrieb in der Küche der Frauenbastion

Seit über zwanzig Jahren erweisen Erika Rüd (links) und Rosa Krauss den Gästen ihren Dienst

Seniorchefin Maria Kehrer beim Plausch mit Stammgästen

zunächst eine Durststrecke überwunden werden, bis die Gäste wieder in der »Krone« einkehrten. In der Verzweiflung saßen die Frauen am Kachelofen und haben gegaigelt. Dann aber eroberte Annegret Kehrer mit ihrer soliden Küchenleistung die Herzen und den Gaumen der Einheimischen, Ausflügler und zahlreichen Wandergruppen. Mit Aktionen wie »Siedfleisch zum Sattessen« machte sich das Gasthaus wieder einen Namen.
Die Karte beinhaltet schwäbische Standardrenner wie Kalbs- oder Sauerbraten, zuvor eine Flädlesuppe, und je nach Jahreszeit gibt es saisonspezifische gute Happen, im Frühsommer Spargel und im Herbst Wildgerichte. Oder man kommt einfach zum gediegenen Vesper hierher. »Wir haben viele treue Stammgäste«, erzählt die Chefin, während sie die rund hundert auf dem Herd brutzelnden selbst gemachten Fleischküchle genau im Blick hat. »Gibt's heut' als Tagesessen mit Kohlräble.«
Schon im Kleinmädchenalter stand sie auf Zehenspitzen, um in Mutter Marias Töpfen zu rühren. Und sie erinnert sich an die trickreiche Taktik der Mama, wenn stundenlang tagende und fest sitzende Vereinsmeier partout keine Bestellung aufgeben wollten.
Ihr Motto lautete: Wer nicht essen will, muss fühlen. Maria Kehrer hat einfach Zwiebeln angebraten für ihren bekannt guten Zigeunergulasch und den Geruch in den Gastraum ziehen lassen. Das wirkte allemal.
Wen es neu hierher zieht in die »Krone«, der lässt sich, vom Tale kommend, von der Keimzelle des Dorfes leiten, dem 23 Meter hohen Turm von Bürg. Der weithin sichtbare, auf einem Höhenvorsprung sitzende, wuchtige Bau ist Zeuge einer einst mächtigen Ritterburg, dem Stammsitz der Herren von Winnenden. Der erste urkundlich erwähnte Burgherr war Gottfried von Winnenden, der in den Jahren 1194 bis 1196 vermutlich ständiger Begleiter Kaiser Heinrichs VI. war. Wer hier länger bleiben will, um auf historischen Spuren zu wandeln oder durch Weinberge, Wälder und Felder zu wandern, kann

Nahtloser Wechsel: Die Stammtischler sitzen beim letzten Schoppen, während andere den Sonntagsbraten bestellen

Der Turm von Bürg ist Zeuge einer einst mächtigen Ritterburg

zu später Stunde sein Haupt in einem der sechs Gästezimmer der »Krone« niederlegen.

Es ist schon ein paar Jährchen her, dass gar Gäste aus Peru nach dem Genuss von Winnender Wein in diesen Räumen spät unter die Decke krochen. Nach ihrer Abreise konstatierte die Pensionswirtin Annegret Kehrer beim Abziehen der Bettwäsche, dass in anderen Ländern andere Sitten herrschen. Die Geschäftsmänner aus Südamerika schlüpften nämlich nicht unter die Decke, sondern knöpften die Bezüge auf und in sie hinein.

Auch auf diese Weise kann man in der »Krone« scheinbar selig ausschlafen.

Des Königs Lampe leuchtet in Mannshaupten

Krone – Schorndorf-Mannshaupten

Die Krone krönt den Mittelpunkt des kleinen Dorfes

In Leuchtfarben gekleidete Jogger durchstreifen jeden Samstag das Wäldchen oberhalb von Mannshaupten und sie verbrennen dabei stetig Hunderte von Kalorien. Beim gelenkschonenden Lauf auf dem weichen Waldboden müssen die Sportiven häufig die Hinterlassenschaften der Rösser aus der Pferdepension weitläufig umkreisen, womit übers Jahr gerechnet der Fettanteil um weitere Prozentpunkte herunterpurzelt. Die Mitglieder des Lauftreffs dürfen sich also, den Schweiß trocknend und mit bestem Gewissen, an die Tische in der »Krone« setzen und mit Most und Wurst den Gaumen tüchtig belohnen. Keine Sorge, das Wirtshaus-Ehepaar Ilse und Walter Frey umsorgt auch die weniger sportlich Aktiven mit selbst gebackenem Brot und Kuchen oder mit reichhaltigen Vesperplatten, die

Jägerlatein unter königlicher Lampe

Wenn die lauen Lüfte wehen, lässt man sich auf der Holzterrasse nieder und genießt ein Krüglein kühlen Most

von vielen Wanderern der Umgebung mit verbalen Superlativen bedacht werden.
Ilse und Ursel, dick befreundete Damen um die gut erhaltene Mitte fünfzig, die immer mal wieder diäten, würden auf alles, aber nicht auf das prall belegte, hoch dekorierte Wurstbrot von der Wirtin verzichten. »Nie im Leben«, sagt Ilse, es gebe kein Besseres auf dieser Erde. Beide spazieren mit den Ehegatten zu jeder Jahreszeit von Schorndorf aus in den 382 Meter hoch gelegenen Weiler, um sich im Sommer auf der betagten Holzterrasse am Apfelkuchen zu laben. In der kalten Jahreszeit lehnt man sich an den wohlig warmen Kachelofen im gemütlichen Gastraum der Kaltgericht-Wirtschaft.
Diese Nähe sucht ab und an auch der Waiblinger Oberbürgermeister Dr. Werner Schmied-Hieber. Den Chef der Stauferstadt zieht es zuweilen gar magisch in die »Einzigartigkeit der Krone, ins unverfälschte ländliche Ambiente«, lässt der belesene Kommunalpolitiker seine Landsleute wissen, »ohne damit die gute Gastronomie der eigenen Bürgerschaft herabsetzen zu wollen.«
Das Gasthaus mit dem aufpolierten, golden glänzenden Wirtshauskrönchen am Hauseck ist der Mittelpunkt des 145-Seelen-Dorfes. Wenn die Ausflügler an den Wochenenden Durst und Hunger gestillt haben, dann sitzen die paar übrig gebliebenen Einheimischen beim letzten Schoppen und zählen durch – die Sterbefälle und die Neugeborenen. Jeder kennt jeden in dieser Idylle mit Aussicht auf Wälder und Obstbaumwiesen, mit den Düften und Gerüchen, die alltags durchs Landleben ziehen. Die wenigen Neuzugänge merken bald: Der Preis fürs lauschige Plätzchen heißt soziale Kontrolle. Die einen schlucken das leichter, die anderen schwerer. Am Stammtisch der »Krone« bleibt halt nicht viel geheim.

»Ein Königreich für dieses Wurstbrot«

Wer an diesem Platz Geschichten erzählt oder Gerüchte verbreitet, wird dabei von einer königlichen Lampe erleuchtet. Das gewichtige Stück entstammt dem Schloss Bebenhausen und ist aus dem Geweih eines Zwölf-Ender-Hirschs gefertigt, der im Schönbuch sein tierisches Leben lassen musste. Indem der generöse König Wilhelm II. dem Gesinde ab und an was zukommen ließ, konnte der einst als Hoflakai dienende Onkel des Kronenwirtes von diesem majestätischen Stück Besitz ergreifen. Doch der Lakai fand partout keinen Platz für dieses kapitale Prachtexemplar in seiner kleinen, eher armseligen Wohnung in Stuttgart. Und so trug er es hinauf gen Manns-

Tresenplausch: Ilse und Walter Frey begrüßen die eintreffenden Wanderer vom Tale

»Geben Sie dem Mann am Klavier ...«, dann schmettert der Walter noch'n paar Verse

haupten, damit es auf ewig die Wirtschaftsgeschichte beleuchte.

Die Mauern des Hauses wurden im Jahre 1876 errichtet. Der Großvater bemühte sich um eine Ausschankgenehmigung. Die Eltern von Walter Frey betrieben Landwirtschaft, setzten sieben Kinder in die Welt und öffneten damals noch täglich den Gastraum. Es gab Vesper und Most. Nur bei Feierlichkeiten und großen Bauernhochzeiten kochte die Bäuerin Hirnsuppe und Braten. Auch der heutige Wirt erlernte die Landwirtschaft, schulte aber später zum Steuerberater um. Inzwischen in Rente, hat der Zahlenmeister Freude am Dasein der Wochenend-Gastronomie. Ehefrau Ilse führt in der Küche Regie, backt Kuchen und macht den Teig für rund 50 Laibe Brot pro Monat. Immer donnerstags zieht über Mannshaupten der Rauch und der Duft übers Gemeinde-Backhaus.

Unten, im Keller der »Krone«, wird Schnaps gebrannt, aus den Früchten, die die Obstbaumwiesen der Umgebung hergeben, wie Kirschen, Zwetschgen oder Mirabellen. Wem nach etwas Hochprozentigem dürstet, lässt ihn sich schmecken ... und einen anderen ans Steuer. Walter Freys Selbstgebranntes wird meist zur vorgerückten Stunde geordert, verbunden mit dem Verlangen, der Wirt möge doch mal wieder in die Tasten greifen. Diesem gibt er meist gerne nach, holt sein Akkordeon oder setzt sich an das altehrwürdige Schiedmayer-Klavier, über dessen weißen Tasten die Patina eines über hundertjährigen Wirtschaftslebens liegt. Er schmettert das Repertoire der Volksmusik herunter, lässt sich am Ende dazu überreden, die Mannshauptener Nationalhymne vom »Schwäbischen Wein« zu begleiten. Frauen sei hierbei empfohlen, den deftigen Text großzügig zu überhören. Er wurde wohl von Männern nach dem Genuss mehrerer Viertele aufs Papier gebracht und ist – die Herren mögen

Im Untergeschoss wird Schnaps gebrannt. Den ofenfrischen Salzkuchen gibt's zum Stärken

verzeihen – von daraus resultierender dichterischer Qualität.
Für seine musikalische Einlage lässt sich der Wirt auf spezielle Mannshauptener Art entlohnen. Die Kenner wissen es – Münzen werden unter die Tische geworfen, damit er beim morgendlichen Saubermachen auf seine Kosten kommt. Das nennt man Bakschisch auf schwäbische Art!

»Kennet ihr scho den?« Hier fällt schon mal ein Treppenwitz der (Wirtschafts-)Geschichte

Mannshaupten gehörte einst dem Remstalgraf

Mannshaupten ist ein Teilort von Schornbach, das einst selbständig war und seit der großen Gemeindereform in den Siebzigerjahren zu Schorndorf gehört. Der kleine Weiler – so ist einer Chronik zu entnehmen – wird erstmals im Jahre 1424 im württembergischen Lagerbuch der geistlichen Verwaltung Stuttgart erwähnt. Später bestand der Ort aus drei Höfen. In der Schorndorfer Oberamtsbeschreibung von 1851 heißt es: »Mannshaupten liegt auf einem von Wald umschlossenen Vorsprung über dem Thal und ist mit dem Pfarrdorfe durch einen steilen 1/8 Stunde langen Weg verbunden. Der Boden ist hier leichter und dessen geringe Fruchtbarkeit leidet besonders in Jahrgängen mit überwiegender Hitze oder Nässe. Ausgezeichnet sind hier die Kartoffeln.«
Ende des 19. Jahrhunderts bemühten sich die Bewohner um eine Quellwasserleitung und um eine Straße nach Schornbach. Vom öffentlichen Nahverkehr ist Mannshaupten bis heute ausgeschlossen. Kein Linienbus fährt in diesen Weiler. Eingang hat der abgelegene Ort jedoch in die Literatur gefunden. Im Jahr 1985 verfasste der inzwischen verstorbene Schorndorfer Volkshochschuldozent und Philosoph Dr. Dieter Käfer eine Biographie Rudolph Beck-Dülmens, des »Denkers in dunkler Zeit«. Eine Geschichte über den großen schwäbischen Dichter, Philosophen, Arzt und Komponisten – der nie gelebt hat. So versetzte der Autor seine Romanfigur auch nach Mannshaupten, wo sich Beck-Dülmen von 1920 bis 1925 angeblich als Landarzt ins schwäbische Exil zurückgezogen habe. Gesehen hat ihn dort freilich niemand. Auch nicht beim Mosttrinken in der »Krone«.

Metzelsupp und Musicbox

Krone – Berglen-Hößlinswart

Nach einem Brand im Jahre 1903 musste das Gasthaus wieder aufgebaut werden

Die Küche von Regina Kurz steht unter Volldampf. Sie rührt am Herd in Riesentöpfen. Fast einen Zentner Kraut verschafft sie an diesem Februarwochenende. Es gibt Metzelsupp. Zweimal im Jahr wird in der »Krone« in Hößlinswart dieser Tradition gefrönt. Am Samstag kommen dann viele Dorfbewohner, ausgerüstet mit großen Schüsseln, um sich das Mittagessen aus der Wirtschafts-Küche zu holen. Sonntags kehren oft dieselben ein, um sich das Sauerkraut mit Kesselfleisch im Gastraum einzuverleiben. Je nach Geschmack darf man in der »Krone« ein fettes oder mageres Stück vom in der Brühe gesottenen Fleisch verlangen. Oder deftige Leber und Griebenwürste. Die Portionen machen allemal genügend satt.
Seit 1860 besteht die Gaststätte im – mittlerweile sanierten – Ortskern.

1993 – als man neben der Krone noch im Tante-Emma-Laden einkaufen konnte

Maria Kurz (links) scherzt mit den Dorfbewohnerinnen. Über viele Jahre hat sie ein kleines Lebensmittelgeschäft betrieben

Der Großvater vom Seniorchef Paul Kurz hat sie einst gegründet. Das Gebäude selbst musste nach einem Brand 1903 wieder aufgebaut werden. Über die Ursachen jenes Feuers wird heute noch gerne spekuliert. So geht die Kunde, dass ein Nachbar gezündelt hätte, weil er im Zwist mit dem Kronen-Wirt stand. »Mr hot's net beweisa könna«, erzählt der Ruheständler und zwinkert dabei über den Wirtshaustisch, an dem er seit seinem Rentnerdasein seltener sitzt. Ab und an gesellt er sich noch zu den Stammtischlern oder zu den Gaigelbrüdern, die traditionell samstags in Hößlinswart die Karten mischen.

Wenn die weiblichen Gäste in der Wirtschaft die Vorherrschaft übernehmen, bleibt Paul Kurz dem Lokal fern.

Das ist immer am ersten Donnerstag des Monats der Fall. Da kommen die Dorfbewohnerinnen. Schlag halb drei stellt Regina Kurz Apfelkuchen und Eierlikörtorte auf die beiden blankgeputzten hinteren Tische. An diesen Tagen dringt satter Kaffeeduft durch den roten Ziegelbau mit den dunkelgrünen Fensterläden. Die ungefähr 25 älteren Damen, die zum Klatsch in die »Krone« kommen, haben alle ihren festen Platz. Daran wird nicht gerüttelt. In der Mitte sitzt die Bürgermeisterswitwe, eine humorvolle Schwarzwälderin, die einst der Liebe wegen hier ihre Heimat fand. Den Platz an der Stirnseite nimmt die Seniorchefin des Hößlinswarter Gasthauses ein. Maria Kurz wacht still-bescheiden über dem Frauenkranz. »Dia hot viel g'schafft em Leba, die Maria«, sagt eine Nachbarin. Landwirtschaft, Wirtschaft und einen Tante-Emma-Edekaladen betrieben, den die heute 75-jährige vor einigen Jahren aus Altersgründen, aber auch der Unrentabilität wegen aufgegeben hat. Zum Leidwesen der Frauen, weil ihnen und dem Dorf damit ein

Maria und Paul Kurz plaudern aus ihrem »Wirtschaftsleben«

Nur noch selten schallen Schlager aus der Musicbox

Gemischter Stammtisch: Manfred Kurz serviert Hausmacher Vesper. Seit dem Ruhestand der Eltern führt er mit Ehefrau Regina die Krone

Stück vom Boden des Sozialgefüges entzogen wurde. Ein Schicksal, das der Landbevölkerung ja allenthalben widerfährt.
Nach dem Wegfall dieses Kommunikationsortes haben die Hößlinswarter Frauen den Kaffee-Stammtisch gegründet, um die Kontakte nicht zu verlieren. Hier in der »Krone« ist die Zukunft bis auf weiteres gesichert.
Nachdem Maria Kurz und Ehemann Paul das gastronomische Zepter weitergaben, setzten Sohn Manfred und Schwiegertocher Regina die Tradition schwäbischer kalter und warmer Speisen fort. Zum Beispiel Schnitzel mit Kartoffelsalat oder Bratkartoffeln, die hier »Brägala« genannt und besonders gelobt werden. Die Erdäpfel sind aus eigenem Anbau, und der Beilagensalat kommt nicht aus der Dose.
»Wenn dr Honger net so groß isch«, bestellt man einen Wurstsalat, ein Hausmacher Vesper, einen strammen Max oder einfach »a halba Portion«. Für größere Geburtstage oder Konfirmationen ist die »Krone« auch gerüstet.
Vom umtriebigen Remstal aus gesehen liegt Hößlinswart hinterm Buckel. Dem versteckten Örtchen wollen die Wirtsleute, die das Gasthaus im Nebenerwerb betreiben, nicht auch noch diese Bastion entreißen. Auch wenn die Wirtschaft nicht mehr so häufig von Einheimischen aufgesucht wird wie in vergangenen Zeiten. Und die Sonntagswanderer heuer in dieser abgelegenen Region eher ausbleiben. »Irgendwie«, sinniert der Seniorchef Paul Kurz, »verschwinden wir immer mehr zwischen den Kreisstädten Schorndorf und Winnenden. Mit dem Remstal könnet mir halt net tippen.«
Die alten Gäste sterben nach und nach, die Jungen suchen andere Räume oder treffen sich im Internet. Was

Die Familie trifft sich zu Küchengesprächen

Am Metzelsupp-Wochenende wird ein Zentner Kraut gekocht

Regina Kurz richtet die Schlachtplatte. Wurst und Kesselfleisch muss aufs Kraut

Die alte Dame holt sich ihr Mittagessen an der Durchreiche

für die High-tech-Generation das World Wide Web und schrille Events sind, war in den Fünfzigerjahren der Schwarzweiß-Empfänger im Nebenzimmer. Der alte Kronenwirt erinnert sich noch lebhaft an die phonetisch-frenetischen 90 Minuten während des »Wir-sind-wieder-wer-Spiels« der deutschen Fußballelf im Jahre 1954. Brechend voll war sein Lokal, als Helmut Rahn das 3 : 2 gegen Ungarn schoss. Ob des weltmeisterlichen Freudentaumels vergaßen denn die meisten Hößlinswarter Mannen, ihre Zeche zu zahlen. Diesen Wermutstropfen nach der Siegestrunkenheit hat Paul Kurz damals freilich leicht hinuntergeschluckt.

1947 hat er seine Maria geheiratet. Das junge Eheleben war ausgefüllt mit Arbeit von früh bis spät. Morgens musste die Landwirtschaft beackert werden, mittags bereitete die Bäuerin das Tagesessen für die Gäste zu, und »obends isch schpät worda«. An den Wochenenden richteten die beiden Hochzeiten und andere Feierlichkeiten aus, oben im ersten Stock, in ihrem damals noch großen Saal.

Das private Sofa der Wirtsleute stand in der Wirtschaft. Eine Trennung zwischen Arbeit und Privatleben gab's nicht. Am Abend spielte man Gaigel mit den Gästen und beendete den Tag mit gemeinsamem Singen. Die Stimmung stieg auf den Höhepunkt, wenn Stammtischbrüder in die Stühle bissen, um zu beweisen, dass sie in der Lage sind, jene mit ihrem Gebiss in die Höhe zu hieven. Die Spuren dieses Kraftaktes sind an manchen Lehnen noch abzulesen.

In weiser Voraussicht hat die Wirtsfamilie den Großteil ihrer ursprünglichen Einrichtungen erhalten. Die alte Durchreiche für den so genannten Straßenverkauf, in die nur noch selten eine Bierflasche geschoben wird, und die Trennungsscheibe zum Nebenzimmer sind gastro-

Maria Kurz wacht einmal im Monat über das Damenkränzchen

Die Häfner-Hochburg in den Berglen

Hößlinswart, einer der acht Teilorte der Gemeinde Berglen, war im 19. Jahrhundert eine Hochburg des Töpfereiwesens. Vom schwäbischen Begriff »Häfen« (Töpfe, Tongeschirr) abgeleitet, nannte man diese Handwerker »Häfner«. Über 40 Meister, die ihre Töpfererde den dortigen Lehmvorkommen entnahmen, arbeiteten um das Jahr 1870 im damals 650 Einwohner zählenden Dorf. Neben dem Anbau von Kirschbäumen und der Erzeugung von Kirschengeist war die Häfnerei die Haupterwerbsquelle in Hößlinswart. Noch heute wird der Ort scherzhaft »Hafenstadt« genannt.
Im Ersten Weltkrieg stellte der letzte Töpfer seinen Betrieb ein. Die harte Arbeit an der Scheibe lohnte sich nicht mehr. Die Wohlhabenden leisteten sich längst Porzellan, und die Armen kauften billigeres Geschirr aus Email. Einige typische Werkstätten zeugen noch von der Vergangenheit. Und auch ein Vers auf dem Schmuckteller eines Hößlinswarter Häfnermeisters, ausgestellt im Esslinger Heimatmuseum, erinnert an die Blütezeit dieser Handwerkszunft:

> *»Gegrüßet sei die Hafnergilde,*
> *sie führt das Paradies im Schilde,*
> *weil Gott der erste Schöpfer war,*
> *schuf er aus Ton ein Menschenpaar.*
> *Gott ist somit als Weltenschöpfer*
> *zu Weltbeginn der erste Töpfer.«*

Samstags treffen sich die Herren Gaigler

nomische Relikte aus längst vergangenen Tagen. Die wuchtige Musicbox ist zwar neueren Datums, aber mit dem spröden Charme der Siebzigerjahre, die sie ausstrahlt, mittlerweile auch schon eine Antiquität.
Es kommt schon vor, dass der eine oder andere Gast sein Kleingeld hineinwirft, um sich die Schlager jener Epochen reinzuziehen. Ob Peter Alexander, Mireille Mathieu oder Roger Whittaker, sie sind alle drin, die Stars und Sternchen dieser Zeiten.

Vom Stummle, vom Schwan und vom typischen Selbstmord

Ochsen – Remshalden-Hebsack

Im tiefen Gewölbekeller riecht's nach Wein, Obst und Kartoffeln

Lang war die Nacht. Zigarettenqualm, Bierdunst, süßer, weicher Blues und harter, rhythmischer Rock 'n' Roll. Und jede Menge Guinness und Beifall bei »Bobbies« in Waiblingen. Jason Falloon, laut Presse ein »Ausnahmemusiker aus England«, hebt sein schweres Haupt aus den Kissen und späht über die verwinkelte Terrasse hinüber zu den bunten, bleiverglasten Fenstern der schwäbischen Wirtschaft, hinter denen an diesem trüben Sonntagmorgen schon ein schwaches Licht schimmert. Abrupt wird drüben die Eingangstür aufgestoßen, mit einer grünen Kanne in der Hand tritt die Ochsenwirtin heraus und beginnt die Geranien und Margeritenbäumchen zu gießen, die sich überbordend an der Fassade entlang Richtung Einfahrt ziehen. Jason lächelt, schließt die Augen und lässt sich zurückfallen in die

Mit 70 Jahren noch am Tresen: Ochsenwirt Fritz Schanbacher kann's nicht lassen

Ein Vesper und ein Viertele sind eine gute Grundlage: »Ond was gibt's Neu's em Flecka?«

weichen Kissen und die stürmischen Träume eines Rock-and-Roller-Herzens.
Im »Ochsen« gegenüber kann man um diese Zeit schon viele Augen vergnügt glänzen sehen. Der runde Stammtisch ist nicht groß genug, um allen Gästen Platz zu bieten, die hier ihren Frühschoppen schlürfen. »Des goht grad so weiter!«, verkündet der Hermann und meint damit das verwaschene Sommerwetter: »Mr sieht's am Tisch!« Tatsächlich gilt die Resopalplatte des Stammtisches schon lange als Wetterfrosch: Wenn sie sich an den Rändern nach oben wölbt, bleibt das Wetter feucht. Das ist so sicher wie das Amen in der Dorfkirche und glaubhafter als jede Vorhersage im Fernsehen.
»Kennet ihr eigentlich die Gschicht' vom Stummle?« Ein alter Hebsacker, dessen rotgeäderter Zinken von vielen köstlichen Weinproben kündet, unterbricht die Diskussion übers Wetter. Der Stummle? Ja, diese Geschichte kennen eigentlich alle. Aber das soll kein Hindernis sein, sie heute wieder mit Genuss zu zelebrieren.
Der Stummle war nämlich in alten Zeiten ein Schneider zu Hebsack. Der arme Mann war taubstumm, was ihm zwar nicht das Mitleid der Dorfbewohner, wohl aber den bezeichnenden Namen einbrachte. Wie in Grimms Märchen saß er immer im Schneidersitz auf dem Tisch und nähte. Und da er eben taub war, hatte er sich eine besondere Vorrichtung für die Klingel an der Haustüre ausgedacht. Er verband nämlich die Klingelschnur – an der man damals noch ziehen musste – mit dem Arm einer Stoffpuppe. Zog ein Kunde an der Schnur, hob die Puppe ihren Arm und ließ ihn mehr oder weniger sanft auf des Schneiders schütteres Haupthaar fallen. Diese an sich sinnige Konstruktion wurde nun von den ungezogenen Kindern des Fleckens zur Qual des Schneiderleins missbraucht. Sie zogen so oft und heftig an der Schnur, dass der Mann auf seinem Tisch regelrecht verprügelt wurde. Anschließend galt es, sich so schnell wie möglich aus dem Staub zu machen, denn der erboste Schneider zögerte nicht, eine schwere eiserne Pfahlhaue nach den Taugenichtsen zu schmeißen …

Wenn der grüne Kachelofen bullert, fallen dem Ochsenwirt die besten Geschichten ein – detailgenau ergänzt von seiner Gudrun

Inzwischen hat sich auch Ochsenwirt Fritz Schanbacher am Stammtisch niedergelassen und weiß die Geschichte mit detaillierten Kenntnissen zu bereichern. Und auch seine Gudrun hat's wie mit einem Magneten aus der winzigen Küche heraus gezogen. Wortreich dokumentiert sie die vielfältigen Seitenäste und komplizierten Verstrebungen der Erzählung. Das wieder gibt Stoff für weitere Geschichten, Anekdoten, Erinnerungen, Sprüche …
Die Stammtische im »Ochsen« sind eigentlich eine Art Großfamilie. Wer hier sitzt, gehört irgendwie dazu, hilft regelmäßig beim »Herbsten«, der Weinlese, mit oder ist über Obstbauverein, Turnverein, Feuerwehr, Gemeinde-

In der winzigen, altmodischen Küche bereitet Gudrun Schanbacher die Mahlzeiten selbst für große Gesellschaften

rat oder sonstwie mit dem Geschehen im Ort oder speziell im »Ochsen« verschränkt.
Jason Falloon, der als Musiker 15 Jahre lang mit Vater und Bruder durch den Schwarzwald und rund um den Bodensee tourte, bevor er in Hebsack heimisch wurde, liebt solche Lokale. Er, den die Veranstalter nach Auftritten immer gerne in so genannte »Szenelokale« schleppen, mag die »reelle« Art der Wirtsleute und der Gäste im »Ochsen«: »Wenn die freundlich sind, dann meinen sie es auch so. Sie spielen dir nichts vor, um Geld zu machen.«
Als er an diesem Sonntag in den Schankraum tritt, wird ihm am Stammtisch bereitwillig Platz gemacht. »Jason, a Woiza?«, fragt der Wirt und bringt ihm das schäumende Getränk im hohen Glas. Und so sitzt der 32-jährige Engländer, der Schwäbisch etwa so gut versteht wie Chinesisch, als einer der ihren zwischen Handwerkern, Kleinunternehmern, Wengertern und Rentnern. Der Wirt, der immer Angst hat, jemand könnte erfrieren, hat an diesem verregneten Sommertag den großen Kachelofen mit altem Rebholz angeheizt. Das treibt den Gästen den Schweiß auf die Stirne und lässt sie das Henkelglas schneller leeren.
Jasons Blick schweift über das bunte Sammelsurium an Einrichtungsgegenständen: Donald Duck, in Kupfer geprägt, Stiche von alten Dorfansichten, ein etwas fragwürdiges Kunstwerk aus Kiefernzapfen, Kinderzeichnungen aus der Hand der Enkel, ein altes Kalenderbild, eine Fotoserie vom Herbsten, ein Rest der Osterdekoration, Töpfe mit Orchideen, Kakteen und anderem wuchernden Grünzeug. Der stille Engländer fühlt sich hier wohl. Die Gespräche gleiten an ihm vorüber, er wird manches Unverständliche gefragt und lächelt freundlich zurück. Und gerade erzählt neben ihm ein Mann in den Sechzigern die nächste uralte, verschrobene Geschichte: Anfang des letzten Jahrhunderts muss es gewesen sein, und die Tragödie dreht sich um zwei aufs Bitterste verstrittene Hebsacker Familien. Worum genau es ging, weiß heute niemand mehr, wohl aber, wie es endete. Eines Tages nämlich stand das eine der beiden Häuser in Flammen. Schemenhaft konnte man im obersten Fenster eine Gestalt erblicken. Als Feuerwehr und Dorfbüttel sich einen Weg ins Innere gebahnt hatten, machten sie eine grausige Entdeckung: An einem Seil am Dachbalken hing das Familienoberhaupt, regelrecht hingerichtet, mit einem Messer tief im Herzen. Brennendes Haus, Mann erhängt und danach erstochen. »Typischer Fall von Selbstmord«, befand souverän der Büttel, dem die Stuttgarter Obrigkeit im Falle eines Mordes nämlich die Sache aus den Händen genommen hätte.
Inzwischen hat sich der Tisch geleert, die Stammgäste werden zum Mittagessen zu Hause erwartet. Auch Jason geht in sein Häuschen im alten Dorfkern, das sich schmal

Der Sonntagabend-Stammtisch: Fast schon so was wie eine große Familie

Ob's um die nächste Weinernte, um Lokalpolitik oder Fußball geht: Man trifft sich im Ochsen

Hebsack: Dorf der Storchenfärber

»Heb' an mit deiner Sach'«, sagte man im Mittelalter bei Rechtsstreitigkeiten und meinte damit: »Trage dein Anliegen vor«. Von diesem Ausspruch soll der Name »Hebsack« herkommen, was nichts anderes heißt, als dass wohl damals um dieses Land heftig gestritten wurde. Urkundlich erwähnt wurde der im mittleren Remstal gelegene Teilort von Remshalden erstmals im Jahre 1299. Die Gegend wurde aber schon viel früher vom Winterbacher Königshof her besiedelt. Die Zisterzienser des Klosters Zimmern begannen hier Weinberge anzulegen, in dem großen »Z« im Hebsacker Wappen sind sie noch heute gegenwärtig. Außer im Wein- und Obstbau existierten in der Gemeinde wenig Erwerbsmöglichkeiten. Erst 1820 gab es einen Textilunternehmer, der die typischen blauen Fuhrmannshemden herstellte und vielen Hebsackern Arbeit und Brot gab. Als sich eines Tages der Winterbacher Storch ein Gefecht mit seinem Hebsacker Artgenossen lieferte und danach ermattet zu Boden sank, geriet er in die Hände von ein paar angeheiterten Färbern, die ihn kurzerhand blau färbten, um ihn so besser vom eigenen Storch unterscheiden zu können. Seitdem haftet den Hebsackern der Name »Storchenfärber« an.

zwischen die anderen duckt, und gibt im Musikzimmer einem eher hoffnungslosen Talent eine Stunde Gitarrenunterricht. Gudrun, die Wirtin, legt sich ein Viertelstündchen auf die Eckbank im Lokal, um Kraft zu schöpfen für Mittag, Nachmittag und Abend. Denn sonntags ist der »Ochsen« immer gut gefüllt.

In dieser stillen Stunde hört man manchmal den Fritz am Klavier ein paar alte Lieder spielen. »Viel kann i nemme«, brummt er vor sich hin und betrachet die schrundigen Hände, die von der schweren Arbeit auf dem Weinberg gezeichnet sind und nicht mehr so recht in schnellem Lauf den Tasten folgen wollen. Aus der Küche duftet schon der Braten, und Gudruns Kartoffelsalat, für den der »Ochsen« berühmt ist, wartet im großen Bottich. Bald werden hier wieder die Gespräche summen, werden die Teller voll Spätzle und die Herzen voll Geschichten sein. Die Sonntagsausflügler, die Wanderer kehren ein, von Stuttgart kommen die Tourenradfahrer, die sich eigentlich nur mit einem Apfelschorle erfrischen wollen, und dann, nach Stunden, immer noch am Tisch hocken – im Glas ein Schorle vom Hebsacker Lichtenberg.
Fritz steigt die steile Kellertreppe hinab, wo zwischen uralten Sandsteinquadern der Wein nicht alt werden will, weil er einfach zu gut schmeckt. Es riecht nach eingelagerten Äpfeln und feuchtem Mauerwerk, im spärlichen Licht der Glühbirne erscheinen Kartoffelhurde und Kisten voll Remstäler Wein. Ist noch genug da für die Goldene Hochzeit, die morgen mit 60 Gästen das Nebenzimmer füllen wird? Ein paar grüne Literflaschen im Arm, steigt der Siebzigjährige mühsam die Treppe empor und bückt sich automatisch unter dem niedrigen Gewölbevorsprung, wo schon so mancher seinen Schädel angeschlagen hat.
In der Küche, an einem winzigen, klapprigen Tisch, sitzen die tüchtige Mina, die drei Kinder und die Enkelkinder um Gudrun herum. Der »Dienstplan« für die nächsten Wochen muss festgezurrt werden. Denn Angestellte gibt es hier nicht. Wer zur Familie gehört, hilft in der Wirtschaft genauso wie im Wengert. Blonde und dunkle Schöpfe drängen sich um den Tisch, der Ton ist

»I han fascht leer, sollet mer jetzt no hoim?« – »A wa, mir zwingat no a Krügle!«

bestimmt, die Lage ernst: Ein Bus mit Senioren hat sich angekündigt, die wollen immer alle gleichzeitig essen und hinterher sofort zahlen. Wie aus einer so kleinen Küche heraus so viele Gäste verköstigt werden können, bleibt ohnehin das Geheimnis von Gudrun und ihrem Anhang. Dann wird die Arbeit eingeteilt: Der Finanzbeamte soll die Pommes fritieren, der Redakteur dekoriert die Salate, die Finanzbeamtin schneidet das Fleisch, die Sozialpädagogin spült das Geschirr vor, die Sekretärin trocknet das Besteck ab, und der Betontechniker soll die Bratwürste sorgsam in der Milch wenden.

Wer zum Essen in den »Ochsen« kommt, fragt Gudrun am besten, was es gerade gibt. Sie wird ihm wortreich erklären, dass der Braten mit der guten Soße nur sonntags angeboten wird und dass es die weithin bekannten knusprigen Göckele nur auf Anmeldung gibt. Einfach ist die Küche hier, aber preiswert und wirklich gut: Der Zwiebelrostbraten mit Speckrand, der Wurstsalat mit vielen Zwiebeln, die kräftigen Bauernbratwürste, Leberkäs, Schinken- und Leberwurst in dicken Scheiben mit Gürkle und Senf, dazu jede Menge Spätzle, Kartoffelsalat oder Pommes. Ein bisschen Zeit muss schon mitbringen, wer hier speisen will, denn das Menschliche steht im Vordergrund, und wenn es der Gudrun plötzlich einfällt, dass vor dem Feuerwehrhaus die Blumen noch gegossen werden müssen, dann hat das halt Vorrang.

Als Jason Falloon gegen Abend mit seinem schwarzen Hund Felix am »Ochsen« vorbeizuckelt, sind die blauen Vorhänge zugezogen. Nur aus dem Fenster nach Osten hin dringt der Lampenschein noch unverhüllt, und er entdeckt am Ecktisch drei Kartenspieler. Das bringt den verträumten Musiker etwas durcheinander, denn die Kartenspieler kommen doch mittwochs immer so zuverlässig in den »Ochsen«, dass man danach den

Die Kartenspieler gehören praktisch zum Inventar.
Muss mal geschlossen werden, wird ihnen rechtzeitig abgesagt

Kalender stellen kann? Es sind aber drei ältere Damen, die heute nicht minder verbissen wie ihre männlichen Kollegen Stiche zählen und die Welt um sich herum vergessen. Auch sonst tobt heute das Leben im »Ochsen«, denn ein paar durstige Feuerwehrmänner haben sich bei ihrem alten Kommandanten eingefunden. Ach ja, das wissen wieder nur die Einheimischen: Der Ochsenwirt ist Ehrenkommandant der Feuerwehr, er vertrat lange Jahre die Hebsacker Wengerter in der Weinbaugenossenschaft, war Vorsitzender im Obstbauverein »Weiher«, jahrzehntelang im Gemeinderat und nicht zuletzt früher ein guter Schachspieler, wovon heute nur noch die Enkelkinder profitieren, wenn er ihnen ein paar Tricks verrät. Und so kommen viele in den »Ochsen«, um von alten und ältesten Zeiten zu erzählen.

Als Jason vom Gassigehen zurückkehrt, sieht er gerade Gabi (die er als einzige versteht, weil sie englisch spricht) und ihren Gemahl Fritz in den »Ochsen« gehen. Er entschließt sich kurzfristig zu einem letzten Glas Weizen, bringt Felix nach Haus und sich selbst an den abendlichen Stammtisch. Sonntagabends sind es vor allem die Nachbarn, die hier hocken: Gabi und Fritz, Anne und Peter, Erika und Sepp, Franziska und Helmut und wer auch immer bei Regen, Schnee oder Sommerhitze unverdrossen den Weg in den »Ochsen« findet und die zwei Stufen in den Gastraum hinabstolpert. Gerade werden die tapferen Feuerwehrmänner durch den Kakao gezogen. Noch gar nicht so lange ist es her, da rückten sie aus, um einem armen Schwan beizustehen. Das liebe Tier war im harten Winter mit den Füßen auf der eisbedeckten Rems angefroren. Rettung tat not und erschien schon bald in Form der Hebsacker Wehr, deren Kühnster sich über das dünne Eis zum Schwan vorwagte. Doch weil Mut und Uneigennützigkeit in unserer schnöden Welt nur selten belohnt werden, brach er kurz vor dem Ziel durchs Eis, musste nun selbst gerettet werden und hatte zum Schaden auch noch den Spott. Vor allem den der Schorndorfer Wehr, die nun gerufen werden musste und professionell mit Schlauchboot dem Schwan seine Freiheit wiedergab. Doch weil dieses Ereignis inzwischen auch schon (eine) Geschichte ist, nehmen's die Feuerwehrleute heute mit Humor und lassen grinsend eine Runde springen.

Manchmal gehen an so einem Sonntagabend die Gäste schon früh. Dann löschen Gudrun und Fritz gegen 22 Uhr die Lichter und schließen das Haus. »Kommet gut hoim«, heißt es dann noch und »mir danket au recht schee«, bevor die beiden Wirtsleute hundemüde ins Bett fallen. Wer später kommt, hat Pech. Denn die Öffnungszeiten im »Ochsen« sind nicht immer gültig. Zwar ist offiziell mittwoch-, donnerstag- und freitagabends ebenso geöffnet wie den ganzen Sonntag. Doch die Arbeit auf dem Wengert ist saisonabhängig und kräftezehrend, und dann wird eben die Wirtschaft geschlossen. Notfalls ruft Gudrun die Gäste einfach persönlich an, die an diesem Abend erwartet werden. Schließlich weiß man ja in Hebsack, wer an welchem Tag in die Wirtschaft kommt.

Rockmusiker Jason Falloon (links, mit Freundin) nimmt sein obligates »Woiza« im Ochsen

Wenn die Dunkelheit sich über das Remstal legt, wenn das Rauschen von der Bundesstraße und vom entfernten Eisenbahngleis leiser wird, liegt Jason Falloon noch lange wach. Er denkt an die englischen Pubs, in die sein Vater ihn früher mitgenommen hat. Dunkel war's da drin, Teppiche lagen auf den Böden, das Bier musste man an der Theke holen und auch gleich bezahlen. Fern, heimatlich und irgendwie schön. Dann hört er Gudrun gegenüber die Gasthaustür schließen. Schlüssel klimpern, ein Fenster klappt. Eine Windbö treibt sanften Blumenduft ins Schlafzimmer. Jason wird erstmal in Hebsack wohnen bleiben.

Beim singenden Wirt ein Viertele vom Fass

Anker – Weinstadt-Schnait

Küfers Kunst vor dem 1914 gegründeten Gasthaus

Den Mann bringt kein Fass zum Überlaufen! Schnellen Schrittes, aber doch in stoischer Gelassenheit und freundlich blickend, eilt der schnauzbärtige Wirt von Tisch zu Tisch, serviert Stapel von Tellern mit Ripple und dampfendem Kraut oder Leberkäs mit Zwiebel-Soße zum »Brotneidonka«. An diesem trüben Januar-Spätnachmittag muss er auch häufig den Drei-Liter-Krug füllen, denn die vielen Viertelsschlotzer dürstet es vor allem nach seinem reinen Fasswein. Der vor dem Gasthaus parkende Reisebus hat eine Ladung Gäste aus dem Filstal ausgespuckt. Und weil's dort keine Reben gibt, verlangen die Frauen und Männer der agilen Seniorentruppe am liebsten den selbst ausgebauten Trollinger von Walter Unrath, der in den Weinstädter Hängen drei Hektar besitzt und beackert.

Fasswein hat im Anker in Schnait Tradition

Genießer unter sich: Ein Viertele und eine Zigarillo Marke »Krummer Hund«

Im tiefen Keller des 1914 gegründeten Gasthauses lagern in rund zwanzig Fässern 30 000 Liter trockener Riesling und Trollinger. Der Wirt ist halt nicht nur Wirt und Wengerter, er hat auch eine Ausbildung als Kellermeister absolviert und die Kunst des Fassmachens erlernt.
Fast zwanzig Jahre ist es her, seit Walter Unrath zum letzten Mal selbst den Fasszug ansetzte. Altes Werkzeug der Küferzunft schmückt die Wände seines Gasthauses, des »Ankers« in Schnait. Sie bleiben als Zeugen eines mittlerweile ausgestorbenen Gewerbes. Vier waren es einst, die im Geburtsort von Friedrich Silcher ihr Tagwerk vollbrachten. Damals hallten dumpfe Hammerschläge durch die Schnaiter Gassen, und beißender Rauch stieg auf, wenn draußen vor der Werkstatt der Fassbrand qualmte. Zu jenen Zeiten habe eigentlich jedes Gasthaus aus dem Fass ausgeschenkt, erzählt der Wirt beim Gang durch das dunkle, feuchte Gewölbe. Doch mit dem Aussterben des Küferhandwerks gehe auch diese Tradition immer mehr verloren. Schließlich ist der Ausbau im Holzfass ein aufwendiges Geschäft, das Fachwissen erfordert, wenn man Qualität erzeugen will.
Der Tradition verbunden, macht Walter Unrath auch keine modernen Kompromisse beim Zapfvorgang. Weil es für ihn Stilbruch wäre, verzichtet er auf eine rationelle Vorrichtung an der Theke. Und solange er zwei Treppenstufen auf einmal nehmen kann, steigt er lieber mit dem Krug ins unterirdische Geschoss. Das hält ihn fit und erhält ihm die notwendige schwäbische »Kuttel«, die er schließlich fürs Singen braucht. Die Seniorengruppe harrt schon etwas ungeduldig auf Bänken und Stühlen, bis der herbeieilende »Maestro« endlich zur Gitarre greift, um Silchers meistgesungenes Lied zum Besten zu geben. »Wenn alle Brünnlein fließen, so muss man

»Drum schenket ein« – Walter Unrath in seinem Thekenrevier

»... aus mit vierzig« – die Gaigelschwestern mischen kräftig durch

Der Wirt poliert seine Geburtstagsglocke. Alte Aufnahmen erinnern an längst vergangene Zeiten im Weinort Schnait

trinken …« Der Allroundman hat natürlich noch anderes im Repertoire, bei dem die älteren Semester textlich nicht ins Schleudern kommen. Nur beim Schlusslied, der Hymne von Schnait, müssen die Stammtischler den auswärtigen Gästen auf die Sprünge helfen:

»Schnait, du bisch das schönste Örtle
weit und breit im Schwabenland,
en de Lacha batsched Krotta,
Mucka krabblet an der Wand …«

Um bei Silcher zu bleiben: Walter Unrath hat gesungen, »und alles war wieder gut«.
Wenn draußen vor dem Anker ein Reisebus steht, ist es schwierig, drinnen noch ein Plätzchen zu ergattern. Man versucht es am besten gleich am Eingang an den kleineren Plätzen, um authentisch Volkes Stimme am Stammtisch zu hören. Da hocken manche schon seit vielen Jahrzehnten und geben zuweilen die alten Rivalitäten zwischen den Orten aus der 1975 zusammengeschlossenen Gemeinde Weinstadt zum Besten. Beispielsweise die Geschichte der einst revolutionären Beutelsbacher, die beim Aufstand »Armer Konrad« gegen die Obrigkeit offensichtlich bei den benachbarten Schnaitern wenig Unterstützung fanden. Und so drohten die Kampferprobten ob ihrer besseren geographischen Lage noch lange später: »Mir machet a Mauer om ons rom, no saufet dia Schnaiter ab.« Jenen reichte freilich nie das Wasser bis zum Hals. Und unsere Stammtischler haben ihre Themen schon längst wieder gewechselt. Innerhalb weniger Sekunden sind sie bei der Rentenreform angelangt und schimpfen über das derzeitige Elend in

Riesling oder Trollinger aus einem kühlen Kruge

der Fußballarena ihres VfB oder die Ruhestandsmillionen von zurückgetretenen Ministern. Das Publikum ist gemischt und der Wirt diplomatisch neutral. »Der denkt sich sei Sach«, weiß ein Kenner. Zwei Meter vom Stammtisch entfernt sitzt das Team vom Werbebüro mit dem Architekten um die fünfzig im verbleichten Jeansanzug. Sie essen die Anker-Spezialität Kässalat und Romadur und unterhalten sich über ihre Studentenzeiten, als sie lautstark gegen den Numerus clausus demonstrierten und gegen den Kultusminister in Stuttgart zu Felde zogen. Das waren noch Zeiten, gell.
Von ganz anderen Zeiten und einer Einmaligkeit des Gasthauses erzählt die Dame am unmittelbaren Nebentisch. Vom so genannten Bitterauf-Viertele. In den Kriegsjahren sei hier ein Stuttgarter Tenor names Richard Bitterauf eingekehrt, der ob

Busreisende genießen die Visite beim Anker-Wirt

der kleinen Gage am Staatstheater arg habe haushalten müssen. So bestellte er immer nur ein Achtele, was ihm im Anker zu Schnait mit ein paar Schucker mehr fast zu einem Viertele gereichte. Für dieselben Münzen. Der geneigte Gast darf gerne testen, ob sich das in Euro auch noch auszahlt.

Der Bus ist langst über dem Berg, als die flotte Damen-Runde die Karten auf den Tisch legt. Die Gaigelschwestern mischen kräftig durch, verlangen nach Vesper nebst Schorle. Oder nach einem Mann, wenn's nicht aufgeht beim Kartenspiel, versteht sich. Dann muss halt der Anker-Wirt wieder mal ran. So er nicht von seiner Ehefrau Ilse in die Küche beordet wird. Allerdings nur für die einfachen Tätigkeiten, wie »Käswürfel oder Schinkenwurst schneiden«, betont er unterwürfig. Neben den reichlich bestückten Vespertellern – Bratenbrot, Käs mit

Schnait – geprägt vom Wein und von Friedrich Silcher

Im Zentrum des Remstäler Weinbaugebiets liegt Weinstadt mit seinen fünf traditionsreichen Orten Beutelsbach, Endersbach, Großheppach, Schnait und Strümpfelbach. Sie sind von rebenbestandenen Hängen umgeben. Keller und Keltern und viele Gasthäuser prägen die Ortsbilder. Vor allem im Herbst werden große Feste und die Kirbe gefeiert.

Geschichtsinteressierte treffen hier auf die Spuren der Vergangenheit. Der Ort Beutelsbach gilt als die Wiege Württembergs: Ein vermutlich eng mit dem salischen Königshaus verwandtes Beutelsbacher Adelsgeschlecht errichtete im 11. Jahrhundert eine große Burg über dem Neckar und nannte sich ab diesem Zeitpunkt »von Württemberg«. An den Bauernaufstand des »Armen Konrad« im Jahr 1514, die erste Revolution auf deutschem Boden, erinnern in Beutelsbach ein Denkmal und ein Museum (Stiftstraße 11, Telefon 0 71 51 / 693-289). Schnait rühmt sich seines Sohnes Friedrich Silcher – der schwäbische Volksliedkomponist wurde hier im Jahr 1789 geboren und verbrachte dort Kindheit und Jugend. Seinem Leben und Wirken kann man im Silchermuseum nachgehen, das der Schwäbische Sängerbund in Silchers Geburtshaus eingerichtet hat (Silcherstraße 49, Telefon 0 71 51 / 6 52 30).

»Wenn alle Brünnlein fließen …« – Walter Unrath greift gerne in die Saiten und singt am liebsten Silcherlieder

Rettich oder allerlei Hausmacher Wurstplatten – bereitet Ilse Unrath in ihrem Küchenreich schmackhafte warme Gerichte zu. Ein Gedicht ist die Soße zum Rostbraten, in der die Spätzle schwimmen dürfen. Ripple pur oder überbacken sei ob seiner hohen Dimension besonders dann empfohlen, wenn der Gast zuvor auf Schusters Rappen durch die Weinberge gezogen ist. An den Wochenenden wird die Karte erweitert durch gemischten Braten, Kässpätzle und Salatteller in drei verschiedenen Größen. Und solange die Brünnlein im Keller fließen, kann zur Hausmannskost stets das Viertele vom Fass geordert werden. Auf der Getränkekarte stehen freilich auch andere gute Tropfen. Silchers Heimatort Schnait muss schließlich niemand durstig verlassen …

Der Schnaiter Stammtisch: Seit Jahrzehnten schlotzen diese Mannen ihre Viertele an diesem Ort

Mit vier Säuen und tausend Mark angefangen

Waldhorn – Aichwald-Lobenrot

Das »Waldhorn«: So sah das Wirtshaus früher aus

Lobenrot, den Flecken kennen Sie nicht? Kein Wunder. Man muss schon ein Insider sein, um zu wissen, wo dieses Örtchen liegt. Lobenrot, ein Teilort von Aichwald, hat gerade mal 250 Einwohner und markiert den Beginn des Schurwalds. Hin kommt man aus dem Remstal über Strümpfelbach, den Berg hoch, dann rechts (gelbes Schild nicht übersehen!). Von Esslingen/Plochingen über Schanbach Richtung Strümpfelbach, dann links (gelbes Schild nicht übersehen!). Zwei Kilometer noch, dann ist man in Lobenrot. Weiter geht's dort nicht, an einer Wendeplatte ist Schluss mit der Autofahrerei.

Wer freilich dort angelangt ist, ist am »Waldhorn« bereits vorbeigefahren. Dieses Wirtshaus – das einzige im Ort – zu finden, ist nicht ganz einfach (zumal kein Schild auf die Gaststätte

Ripple mit Kraut – immer etwas Gutes

Tochter Heiderose Kritzner bedient im Waldhorn die Gäste

hinweist, die Gemeinde hat das nicht genehmigt, aus welchen Gründen auch immer). Also sei auch das erklärt: Rund 150 Meter nach dem Ortseingang steht eine mächtige Linde. Dort rechts ab, und dann ist alles ganz einfach. Denn fast am Ende dieser Straße, auf der linken Seite, steht das »Waldhorn«.
Würde man jetzt einem, der sich auskennt, sagen: »Wir gehen in den Spiegelsaal«, wüsste der sofort, wo's lang geht. Ins »Waldhorn« halt. Aber das mit dem »Spiegelsaal« ist eine ganz heikle Geschichte. Deshalb muss sie von Anfang an erzählt werden, auf dass ja keine Missverständnisse entstehen.
Das war nämlich so: Ab 1906 gehörte das »Waldhorn« einer Familie Scharpf. (Nebenbei: Über die Geschichte des Gebäudes ist nicht viel bekannt, nur, dass dort schon im 19. Jahrhundert Wein, Bier und Essen angeboten wurde, dass das Haus irgendwann einmal zumindest teilweise abgebrannt ist und dass von 1903 bis 1906 eine Familie Horsch die Gaststätte betrieben hat.) Daniel und Rosa Scharpf waren miserable Wirtsleute. Vor allem die Frau, die 1969 gestorben ist, hat's mit der Sauberkeit nicht gar so ernst genommen. Da sahen die Tische, so ist es überliefert, oftmals »marmoriert« aus, nachdem die Rosa mit dem Ärmel die Hinterlassenschaften der Hühner verrieben hatte. Ja, auf den Tischen. Daher kam die Bezeichnung »Spiegelsaal« oder auch »Marmorsaal«.
Grundlegendes änderte sich in dieser Richtung erst, als das Ehepaar Kritzner 1966 das Wirtshaus übernahm. Seither trägt das »Waldhorn« den Namen »Spiegelsaal« zu Recht – allerdings aus einer gänzlich anderen Betrachtungsweise. Denn Anneliese Kritzner und ihr Mann Fritz legten von Anfang an großen Wert auf Sauberkeit. Und das ist so geblieben.

Fritz Kritzner bei der Kaffeepause in der Küche

Wenn wundert's da, dass Anneliese Kritzner bis zum heutigen Tag fuchsteufelswild werden kann, wenn vor allem Ältere die Formulierung »Spiegelsaal« verwenden. »Wenn jemand am Telefon fragt: ›Isch des der Spiegelsaal?‹, tät i am liabschta wieder auflega«, sagt sie. Ähnlich ging's ihr vor ein paar Jahren, als einer von der Beerdigung eines ganz jungen Menschen ins »Waldhorn« kam und fragte: »Ben i hier richtig im Spiegelsaal?« Der Name hat sich also gehalten, da beißt keine Maus einen Faden ab, da kann sich die Anneliese noch so aufregen. Eine heruntergekommene Wirtschaft haben sie damals übernommen, die Kritzners, das ist überhaupt keine Frage. Mit vier schlachtreifen Säuen und tausend Mark haben sie im »Waldhorn« am 5. November 1966 angefangen – eine alles andere als optimale Ausgangsbasis war das seinerzeit. Tochter Heiderose, die im »Waldhorn« bedient, sagt mit Blick zurück: »Meine Eltern haben sich das, was sie geschaffen haben, schwer

Lotte Raff (rechts) hilft ihrer Schwester Anneliese Kritzner beim Herrichten der Speisen

erkämpfen müssen. Heute wäre das nicht mehr möglich.« Wie recht die Frau hat. Denn nicht nicht umsonst heißt es: Ist ein Wirtshaus erst einmal heruntergewirtschaftet, bringt man es nicht mehr hoch. Dass es doch geht, beweisen die Kritzners jahraus, jahrein, Tag für Tag.
Das mit dem »Spiegelsaal« hat aber auch seine lustigen Seiten. Beispielsweise die: Eines Tages kündigte ein Mann aus dem Raum Esslingen seiner Frau an: »Wir gehen zum Essen in den ›Spiegelsaal‹.« Die Gattin dachte, der Gemahl wolle sie ganz feudal ausführen. Und sie kaufte deshalb extra zu diesem Anlass ein teures Kleid. Als der Mann sie kurz vor der Abfahrt nach Lobenrot derart aufgesträußt sah, traf ihn schier der Schlag. Denn ein feudales Wirtshaus ist das »Waldhorn« nun wirklich nicht. Soll und will es auch nicht sein. Zum Glück.
Eigentlich sind die Kritzners »Spätberufene«. Denn dass sie mal eine Wirtschaft führen würden, das haben sie nicht von Anfang an im Sinn gehabt. Zumindest nicht ganz. Denn Anneliese Kritzner hat im »Hirsch« in Strümpfelbach, wo sie herkommt, geschafft (»ich bin überall eingesprungen, wir waren damals noch flexibel«). Ihr Mann Fritz stammt aus Schweinfurt und hat dort Metzger gelernt. Eigentlich aus der Not heraus, denn die Eltern hatten einen Bauernhof. Den freilich hat der Bruder bekommen. Also ging Fritz Kritzner auf Wanderschaft und landete irgendwann im Remstal. Genauer gesagt: in Strümpfelbach. Noch genauer gesagt: im »Hirsch«. Da haben sich die beiden kennen gelernt.
Weil das Handwerk des Metzgers damals im Schlachthaus und in der Wurstküche kein einfaches war (im Winter war's kalt und nass, also der

Kuchen, von der Chefin persönlich gebacken, gibt's im »Waldhorn« auch

Gesundheit keineswegs förderlich), war für Fritz Kritzner recht bald klar, dass das auf Dauer nicht sein Ding sein würde. Also machte er sich nach und nach auf die Suche nach einer Gaststätte. Im »Waldhorn« in Lobenrot wurde er fündig. Sechs Jahre nach der Übernahme hat das Ehepaar das Gebäude dann gekauft, nachdem es vorher nur gepachtet war. 1979/80 wurde das Nebenzimmer umgebaut, 1986 der Gastraum.
Dass Fritz Kritzner gelernter Metzger ist, kommt den Gästen heute noch zugute. Fast 30 Jahre lang hat er hinterm Haus selber Säue aufgezogen und geschlachtet. Bis heute holt er jeden Montagmorgen aus Stuttgart schlachtwarme Borstentiere und zerlegt sie dann in Lobenrot. Die Dosenwurst macht er selber, den Fleischkäs auch. Bis vor einigen Jahren hat der Wirt sonntags auch gekocht.

Das geht jetzt nicht mehr, weil seine Beine nicht so mitmachen, wie er es gerne hätte. Spätfolgen vom vielen Stehen im kalten Schlachthaus sind das.
Wer glaubt, dass viele Lobenroter ins »Waldhorn« kommen, muss eines Besseren belehrt werden. »Die gehen nicht ins Wirtshaus«, sagt Tochter Heiderose. Früher gehörten viele Wanderer zu den Gästen, auch welche aus Strümpfelbach. Einige von ihnen, die sonntags zum Frühschoppen kamen und immer noch kommen, sind ganz schlau: Sie haben einen Weg gefunden, auf dem man in 17 Minuten von Lobenrot in Strümpfelbach ist. Recht praktisch ist das, denn so gibt's keinen Ärger mit der Ehefrau. Von wegen zu spät kommen zum Sonntagsbraten in der eigenen Wohnstube. Außer, ja, außer man verhockt halt doch. Dann hilft selbst der kürzeste Weg nichts mehr.
Wer im »Waldhorn« allein sein will, ist zumindest zu den Stoßzeiten im falschen Wirtshaus. Es gibt zwar im Gastraum nur wenige Tische, aber die sind recht groß. Das führt zwangsläufig dazu, dass auch Fremde mit den Stammgästen (»80 Prozent kommen immer mal wieder, wenn sie einmal da waren«, schätzt Heiderose Kritzner) ins Gespräch kommen. Auch an den Stammtischen, die's heute nicht mehr in der großen Zahl gibt wie früher. Mitglieder einer Herzsportgruppe kommen fast jeden Montag nach dem Schweißvergießen, auch ein paar Fußballer. Das war's dann aber fast schon.
Trotzdem ist das »Waldhorn« meistens gut besucht. Es ist beinahe verwunderlich, wie viele Leute den Weg dorthin finden. Auch unter der Woche zum Mittagessen. 30 Portionen werden da schon mal verkauft. Und vorbei sind auch die Zeiten, als Tochter Heiderose in der Vorweihnachtszeit nachmittags – das »Waldhorn« hat durchgehend geöffnet – noch stricken konnte. Da

Heiderose Kritzner hilft, »wo's halt fehlt«. Auch in der Küche

kommen die Leute dann zum Kaffeetrinken. Wirtin Anneliese backt jeden Tag zwei Kuchen.
Das »Waldhorn« ist bis heute ein reiner Familienbetrieb. Die Wirtsleute werden von ihrer Tochter kräftig unterstützt. »Ich bin mal hinter der Theke, mache Salat an und helfe, wo's halt fehlt«, sagt sie. Sonntags bedient Cousine Ingrid Greco. In der Küche ist Lotte Raff tätig, die Schwester von Anneliese Kritzner. Seit einiger Zeit legt auch Sohn Thomas Hand an; er hat im »Lamm« in Strümpfelbach Koch gelernt. Vermutlich ist dieses Zusammenwirken ausschließlich eigener Kräfte das Erfolgsrezept des »Waldhorn« in Lobenrot.

Wo der Wirt gebückt gehen muss

Rößle – Aichwald-Aichschieß

Gerhard Link – immer bereit für ein Schwätzle mit den Gästen

Nein, zu beneiden ist dieser Mann wirklich nicht. Denn er muss in seiner eigenen Gaststätte gebückt gehen. Warum? Die Antwort ist ganz einfach: Gerhard Link, der Wirt im »Rößle« in Aichschieß, ist 1,96 Meter groß. Das ist zwar nicht unbedingt etwas Besonderes, in diesem speziellen Fall aber schon. Denn die Gasträume im »Rößle« sind ausgesprochen niedrig. So niedrig, dass sogar ein mittelmäßig großer Mann aufpassen muss, dass er sich den Kopf nicht an der Decke anschlägt. Gerhard Link freilich trägt das Malheur mit Gelassenheit und vor allem mit Humor: Licht geworden sei seine Kopfpracht durch die »abgebrochenen Haare«. Und »auch heute schlage ich manchmal meinen Kopf noch an«. Des einen Leid, der anderen Freud'. Denn die niedrigen Räume sorgen in

Der »Rößle«-Chef beherrscht sein Handwerk auch in der Küche

Gerhard Link ist im »Rößle« eigentlich immer gebückt unterwegs

der urigen Wirtschaft für eine heimelige Atmosphäre, die viele Gäste zu schätzen wissen. Sie kommen zwar nicht in Scharen (vor allem im Sommer nicht, weil's bisher keine Gartenwirtschaft gab, was sich jetzt jedoch geändert hat), aber sie finden den Weg in die Alte Dorfstraße in Aichschieß. Und der lohnt sich zumindest für den, der auf schwäbische Hausmannskost zu schwäbischen Preisen steht. Dass keiner hungrig und mit geschröpftem Geldbeutel die Gaststätte verlassen muss, dafür sorgt Gerhards Frau Ilona – seit 1984 sind die beiden verheiratet.

Freya Link, die Mutter des heutigen Wirts, hat das Wirthaus 1961 gepachtet und von 1969 an zusammen mit ihrem Mann Fritz geführt. Gerhard Link ist also im »Rößle« aufgewachsen – ein gelernter Gastronom ist er aber nicht. Vielmehr hat er Fernmelder gelernt, »vielleicht deshalb, weil im ›Rößle‹ das erste Telefon in ganz Aichschieß war«. Hauptberuflich ist er nach wie vor Nachrichtentechniker in Stammheim – im »Knast«, wie er zu witzeln pflegt. Geschafft hat er im »Rößle« aber auch immer, in der Wirtschaft und in der Küche. Dort hat er »so nebenher« das Kochen gelernt.

Mit Erfolg, genau wie seine Frau Ilona. Sie hat auch im »Rößle« gearbeitet und sich dabei ebenfalls Backen und Kochen angeeignet. Wenn sie sich über die Bleche hermacht, kann sie niemand mehr bremsen. Gatte Gerhard sagt dann in Anlehnung an die Bhagwan-Bewegung: »Jetz isch wieder dr Backwahn ausbrocha.« Die Links lassen sich dabei einiges einfallen und sich auch inspirieren. Beispielsweise durch den Bau des Kreisverkehrs, der sich in der Aichschießer Ortsmitte ewig lange hingezogen hat. In dieser Zeit gab's als Nachtisch den »Kreisel«. Der wird so zubereitet: Auf einen kleinen Pfannkuchen (dafür wurde extra eine

Der Tisch ist gedeckt für einen Weißwurstfrühschoppen

Gespräche auch von einem Tisch zum andern. Gerhard Link ist fast immer dabei

Allabendliche Zeremonie im »Rößle«: Gerhard Link macht mit einem Gehstock die Vorhänge zu

Pfanne gekauft) kommt ein Apfelküchle, in die Mitte eine Kugel Eis für die weiße Umrandung des Kreisverkehrs, ein Minzeblättle für den Baum dort, Puderzucker für den Schnee und Schokoladesoßestreifen für die Bremsspuren. Gut kam das an, die Zubereitung war aber auf die Dauer zu aufwendig. Deshalb steht der »Kreisel« inzwischen nicht mehr auf der Speisekarte.

Auch im »Rößle« haben sich im Laufe der Jahre viele Dinge ereignet, über die man durchaus schmunzeln kann. Da gab's beispielsweise den Manuel. Dieser Gast fragte eines Tages, wie lange Ilona (sie ist in Gotha geboren) eigentlich schon im Gäu sei. »Zehn Jahre«, war die Antwort. »Dann bisch no a Reig'schmeckte«, sagte Manuel, der inzwischen nicht mehr lebt. »Wenn fuffzehn Johr do bisch, bisch koi Reig'schmeckte mehr. Dann krieg i a Viertele ond mei Hond a Duplo.« – Auf den Tag genau fünf Jahre später kam der Manuel rein. Selbstredend kriegte er sein Viertele und der Hund das Duplo. Und die Wirtin ist seither keine »Reig'schmeckte« mehr.

Manuel und sein Hund – die nächste Geschichte. Der Stammgast trank grundsätzlich zwei Viertele. Sagen wir mal, in der Regel. Während dieser Zeit lag der Vierbeiner ruhig wie ein Lämmle bei ihm. Wehe aber, der Manuel bestellte ein drittes Viertele. Dann rastete sein Hund völlig aus. »Er hat getan wie verrückt«, erinnert sich Ilona Link.

Gerhards Mutter Freya Link hat für viele Stammgäste Spitznamen gehabt, die richtigen Namen wussten viele gar nicht. Einer hieß »Herr Spitz«. Das rührte daher, weil der Mann der damaligen Bedienung im »Rößle« schwarze Unterwäsche geschenkt hat – warum, kann man mit wenig Fantasie erahnen. Die Dame reagierte so: »Des isch doch a baiser Spitz!« Seither heißt der

Fürs Wohl der Gäste wird bestens gesorgt

Jägerbraten im »Rößle« Spitzbraten. Weil das das Leibgericht dieses Gastes war.

Als Freya Link am 2. Januar 1997 im Alter von nur 61 Jahren plötzlich starb, war das ein schwerer Schlag für die Links. Was tun jetzt mit dem »Rößle«, war die große Frage. Ein Dreivierteljahr war das Wirtshaus geschlossen. Dann machten Ilona und Gerhard Link wieder auf. Weil sie sich dafür entschieden hatten, die Tradition des Familienbetriebes aufrecht zu erhalten. Zum Glück für alle, die das »Rößle« kennen. Zwar ist's manchmal stressig, das Geschäft mit und in der Gaststätte. Aber die, die seit Freya Links Zeiten kommen, »sind dankbar, dass es das ›Rößle‹ noch gibt«, sagt Ilona Link. »Sie trösten uns auch, wenn es uns nicht so gut geht.« Und Ilona Link ist inzwischen so weit, dass sie sagt: »Es wäre schlimm für mich, wenn die Kinder nicht weitermachen würden.« Bis das spruchreif wird, ist's aber noch eine ganze Weile hin. Denn die Links sind im besten Wirtsalter.

Im September 2001 wurde übrigens das 101-jährige Bestehen des »Rößle« gefeiert. Das kam so: Gerhard Link ist davon ausgegangen, dass es die Gaststätte seit 1900 gibt. 2000 wurde das 100-Jährige schlichtweg versäumt. Also gab's ein Jahr später das Fest zum 101-jährigen Bestehen. So einfach ist das im »Rößle«. Wobei die Jahreszahlen hinten und vorne nicht stimmen, das heißt, nur bedingt richtig sind. Zwar hat 1900 ein gewisser Christian Bäder das »Rößle« übernommen, das steht fest. Inzwischen hat Gerhard Link bei seinen Recherchen im Staatsarchiv Ludwigsburg aber herausgefunden, dass das »Rößle« bereits 1832 in den Unterlagen als Schildwirtschaft genannt wird.
Wenn's draußen dunkel wird und im Gastraum die Lichter schon eine Weile brennen, erleben die Gäste im »Rößle« noch eine der Besonderheiten dieser Gaststätte, von denen es noch viele zu berichten gäbe. Dann macht Gerhard Link mit einem Gehstock, den ein Gast einmal vergessen hat und der neben der Theke am Kleiderständer hängt, die Vorhänge zu. Wer dann noch ein paar Stündchen sitzen bleiben will, am Ende vielleicht ein bisschen zu viel Alkohol im Blut hat – beispielsweise, weil ihm der Most, den die Links selber ausbauen, so gut schmeckt – und nicht mehr fahren darf, dem kann durchaus geholfen werden. Denn direkt gegenüber der Wirtschaft steht seit 1970 ein Gästehaus. Dort kann man sein müdes Haupt zum Schlafen hinlegen.

Weißwürste, Brezeln und Hefeweizen – Herz, was begehrst du mehr?

Bubaspitzla –
die Zubereitung dieser schwäbischen Spezialität will gelernt sein

Beim Heiland gibt's die besten Göckel

Fröscher – Schorndorf-Oberberken

1828 beantragte Johannes Fröscher eine Ausschank-Genehmigung

Die Oberberkener sind dem Himmel näher und im Winter immer ein paar Zentimeter Schneehöhe voraus. Immerhin liegt Schorndorfs höchst gelegener Stadtteil auf satten 500 Metern über dem Meeresspiegel. Die kürzere Entfernung zum Firmament bringt frischen Wind vom Schurwald her, den sich die Talbewohner aus der Mutterstadt gerne oben auf den Wanderwegen um die Nase wehen lassen. Und nach der körperlichen Ertüchtigung kann man im geografischen Mittelpunkt des Dorfes sogar beim Heiland einkehren. Zum Vesper und zum Broatbiramooschd (Bratbirnenmost). Direkt neben der Kirche. Nein, das ist keine Pietätlosigkeit, sondern schlichtweg Tatsache. Die Wirtsleute des über 170 Jahre alten Gasthauses heißen halt Heiland, was naturgemäß zu diesen und

Oberberken – nicht nur mit Abstand betrachtet ein idyllischer Flecken

»Woisch no, Eugen?« – Donnerstags treffen sich diese Herren beim Heiland. Mit dabei der ehemalige Oberberkener Bürgermeister Eugen Schlotz (vor dem Garderobenständer).

anderen (sinn)bildlichen Wortspielereien verführt. Die Wirtschaft selbst heißt nämlich Fröscher. Dieser Name ist auf einen Vorfahren der heutigen Wirtsleute zurückzuführen, der 1828 beim Oberamt Schorndorf für dieses Haus eine Konzession erbat. Gegen eine jährliche Gebühr von zwei Gulden acht Kreuzer und überdies einmalig fünf Gulden erteilte die Behörde am 10. November desselben Jahres jenem Johannes Fröscher die Erlaubnis zum Ausschank, so ist es in den Annalen festgehalten. Fröscher erhielt die Auflage, »dass er seine Wirtschaft erst eröffnen dürfe, als sein Getränkevorrat durch den Umgeldkommissär aufgenommen sein werdet«.

So gehen die einen immer noch zum Fröscher, andere kehren grundsätzlich beim Heiland ein. Gemeint ist allemal dieselbe Wirtschaft, in der die Decke tiefer hängt als anderswo. Menschen ab 1,85 Meter ziehen beim Eintreten meist reflexartig den Kopf ein, um ihr Haupt prophylaktisch zu schützen. Kritisch wird's freilich erst ab zwei Meter Körperlänge. Im vorletzten Jahrhundert war man halt kleiner. Unbemerkt kommt hier allemal keine(r) rein. Margret Heiland steht als Beobachtungsposten wachen Auges hinter dem Tresen und behält die Übersicht. Die Gäste werden meist mit kräftigem Handschlag in Empfang genommen. »Grüß Gott, Frau Saible, grüß Gott, Herr Saible, grüß Gott mit'nander.« So flink, wie sie bedient, so schnell sprudeln auch die Sätze raus. »Ja, scho lang senn ihr nemma do gewesa«, das registriert die Wirtin ganz genau, während sich Ehemann Herbert Heiland in sein kleines Küchenrefugium verzieht, aus der ein »verdächtiger« Geruch nach Gebratenem rauszieht.

Die richtigen Riecher tippen auf ein Göckele, das der Redaktionsvertreter vom Schorndorfer Lokalblatt in Auftrag gab. Zum ersten Mal, so gibt er zu, habe er sich

Jugend forscht: Wie funktioniert Großvaters Schnupftabakmaschine?

... mit Stock und Hut zum Heiland nach Oberberken

»Sennr au mol wieder do?« – Margret Heiland begrüßt die Gäste mit Handschlag

Teamarbeit in der Küche: viermal Rostbraten, einmal Vesperteller …

hierher begeben, um seinen knurrenden Magen mit einem der weit über die Markungsgrenzen hinaus bekannten Heiland-Göckele zu füllen. Die Vorfreude darauf dauert grundsätzlich eine halbe Stunde, lässt Margret Heiland den Zeitungsmann wisssen. »I sag's Ihne glei, damit Se sich drauf eischdella könnet, bei ons wird jeder frisch gmacht.«

Der Newcomer nimmt das in Kauf. Die Insider wissen seit Jahrzehnten um die Wartezeit und überwinden oft noch eine weitere Hürde. Sie wandern vom Tal durch den Wald auf die Oberberkener Höhe hinauf, um sich die Kalorien satt zu verdienen. Der Volkskundler und Lehrer Dr. Frieder Stöckle hat dieses Zeremoniell über Jahre hinweg bei seinen inzwischen erwachsenen Töchtern als pädagogisch probates Mittel gegen Bewegungsmangel eingesetzt. Und so durften oder mussten sich Susanne und Friederike ihre einstige Leibspeise zuvor tüchtig erlaufen. Die Einkehr beim Fröscher bezeichnet der kultur- und kommunalpolitisch tätige Hobby-Marathonläufer als »die Zentrierung der Sinne«. Und hinten in der Ecke des Gastraums hat der Autor Stöckle auch die ersten Gedanken für seine Kinder- und Jugendbücher auf ein Zettelblöckle gekritzelt.

Viele Wanderfreunde zieht es übers Jahr auch ob anderer Speisen an die Tische der Heilands. Zur Schlachtplatte und zum Rehbraten oder zur Bandbreite schwäbischer Vesper-Glückseligkeit wie Hausmacher Wurst aller Art, halbem oder ganzem Wurstsalat, geräuchertem Schweinebauch oder »ama Käsbrot« mit Zwiebel. Der Most dazu ist Pflicht. In den Wintermonaten trieft es aus den dicken Jacken, die die Garderobehaken im Nebenzimmer überfüllen. In den Taschen stecken manchmal Fackeln, die den Abstieg durch den dunklen Wald beleuchten.

Qualmt nicht und stört den Esser nicht – der Schnupftabak danach

Alteingesessene Oberberkener erinnern sich, dass der legendäre herbe Bratbirnenmost von Karl Heiland, dem Vater des heutigen Besitzers, den »Tälern« manchmal schwer im Bauch und den Eingeweiden herumgefahren ist. So sollen Urbacher und Schorndorfer beim Abstieg zur späten Stunde gesehen worden sein, wie sie sich am Waldesrande quälend jenen Gebräus zu entledigen versuchten. Worüber die offensichtlich mit herberem Naturell ausgestatteten Dorfbewohner noch heute gerne spötteln.
Diese und andere Geschichten können naseweiße Zeitgenossen hautnah erfahren, wenn sie donnerstags den Stammtisch acht gestandener Ruheständler belauschen. Darunter befindet sich Eugen Schlotz, der langjährige Bürgermeister des einst selbstständigen Ortes, über dessen Gemeinde-Backhäusle schon so manche kommunalpolitische Rauchschwaden gezogen sind. Damals, als der Schultes und seine Mitstreiter mit den harten Bandagen der Jurisprudenz gekämpft haben, um die Eingemeindung respektive die Zwangsehe mit Schorndorf zu verhindern. Ja, da flossen so manche Kummertränen ob dem dann doch verlorenen Terrain ins Schorle oder in den Mostkrug. Nach über einem Vierteljahrhundert scheint die Geschichte überwunden zu sein, zumal die Oberberkener sozusagen als Wiedergutmachung ihre architektonisch preisgekrönte Schurwaldhalle erhielten. Eugen Schlotz bleiben die Erinnerungen an die Ratssitzungen und die langen Nachsitzungen, bei denen zuweilen die Sperrstunden überschritten wurden. Worüber einst die Ehefrauen der Bürgervertreter des Öfteren geklagt hätten und den Heiland gar zum Teufel wünschten. Auch das gehört der Vergangenheit an.

Der Outdoor-Kühlschrank vor dem Fenster

Der Donnerstags-Stammtisch hält sich an strenge Rituale und Regularien. Um fünf vor fünfe geht inzwischen ohne Worte der Wink an die Küche nach Rostbraten und Spätzle. Schlag sechse, wenn die Abendglocke der Kirche bimmelt, verlassen die Herren ihren allwöchentlichen Sitz- und Stützpunkt.
An dieser Stelle darf den neuen Einkehrern ein Ratschlag mit auf den Weg gegeben werden. »Kommet Se net em Sonntagsgwand«, denn um die Lüftung ist es ob der niedrigen baulichen Gegebenheit nicht zum Besten bestellt. Den Geruch nach gebratenen Göckeln nimmt der geneigte Gast mit all seinen Sinnen in die heimische Behausung. Der Rest, sprich die irdischen Dinge, die den Körper umhüllen, muss in die Waschmaschine. Sei's drum. Das ist halt der Preis für die Einkehr beim Heiland.

Bachschdoikäs mit Holundergsälz und Albblick

Lamm – Wangen-Oberwälden

Der erste Lammwirt Johannes Georg Burger (ganz links) mit Familie und Stammgästen anno 1897

Das Paradies liegt nicht in den Tropen, nicht in der Karibik, auf den Malediven oder in Namibia, wo man auf Safari gehen kann. Nein, der Garten Eden liegt jenseits von Afrika – in Oberwälden, im Gasthaus zum Lamm. Der Mann mit dem Silberhaar, der das behauptet, lässt im Gartenlokal unterm Kastanienbaum die Seele baumeln. Hier sitzt man erdverbunden, die Schuhe berühren das Gras, und zuweilen versinkt ein Stuhlbein im feuchten Boden. Zaghaft wärmt die Frühlingssonne, die in diesem Jahr so lange auf sich warten ließ, das noch hellhäutige Gesicht. Die Hühner des Hauses stolzieren um die Tische und picken gackernd in den grünen Boden. Der Wind bläst die Unterhosen auf der Wäscheleine im Nachbarsgarten Richtung Himmel. Am Horizont fällt

Der idyllische Feuersee in Oberwälden. Der Durst wird im nahe gelegenen Lamm gelöscht

Der Nachwuchs späht über die Wand zum Nebenzimmer

der Blick auf die blaue Mauer der Schwäbischen Alb. Der Hohenstaufen grüßt die Teck …
Helmut Skutta, der Wirt, bringt dem Gast ein Krüglein kühlen Most und legt die Speisekarte auf den Tisch. Sie ist aus Holz geschnitzt und gibt beim Aufschlagen Geräusche von sich, als hätte Inspektor Higgins bei Edgar Wallace eine rostige Kellertür aufgestoßen. »Muss mal geölt werden«, brummelt der silberhaarige Herr, der sich im Paradies und in den Metropolen der Welt auskennt. Er war Banker und hat in den Topetagen der Frankfurter Skyline sein Brot verdient, Millionen und Milliarden auf den Konten des Globusses bewegt. Jetzt lebt er auf schwäbischem Terrain und blickt zurück auf die Beletages von New York und die Edelschuppen von Hongkong, die Bars in Paris und die Dinners in London und auf den Wodka an der Wolga mit Herrn Schewardnadse. Jetzt kann er leicht sagen: Er hat's gehabt und braucht's nicht mehr. Im Lamm in Oberwälden bestellt sich der Globetrotter »einen Bachschdoikäs mit selbst gemachtem Holundergsälz«. Ein Stück Bauernbrot dazu reicht. »Einmalig, schmeckt einmalig«, nickt der Mann von Welt, den Limburger schon auf der Zunge, den Nebensitzerinnen am Nachbartisch zu. Die schicken, gestandenen Frauen tragen schwarze Sonnenbrillen und heben ihre Krüge zum schwesterlichen Knall. »Aischentlisch« haben wir uns hier kennen gelernt, jell, kölscht die Wahl-Oberwäldenerin Anneliese Hermes, eine zierliche Künstlerin mit großer Leinwandpower. Kühe malt sie gerne, metergroße, keine Postkartenidylle, »eschde Kunst«, lacht die Frohnatur. Irgendwann vor Jahren ist sie mit der Schorndorfer Galeristin Agi Schilling ins Geschäft gekommen. Beim Oberwäldener Wurstsalat. Oder bei Fleischkäs mit drei Spiegeleiern und Kartoffelsalat. Oder einfach bei einem Paar Saiten mit selbst gebackenem Holzofenbrot.

Chefin Inge Skutta wirbelt in der Küche. Gekocht wird auf einem über 70 Jahre alten Herd

»Hier bin ich Mensch, hier darf ich's sein« – im Garten-»Paradies« vom Lamm

Wo Nonnen zur Fasnetszeit tanzen …

»Mehr braucht mr net, hier woiß i, was i kriag«, sagt die agile Agi.
Das Ehepaar Inge und Helmut Skutta setzt die Tradition einfacher und selbst gemachter Kost im über hundert Jahre alten Gasthof fort. So war das schon beim Emil und seiner Frau Lore, den Eltern von Inge Skutta, die wiederum von den Vorfahren die »Käswirtschaft«, wie sie zuweilen noch genannt wird, übernommen haben. Früher ging man auch nicht ins Lamm, sondern »zum Emil«. Sein selbst gemachter Most war weithin bekannt für gute Qualität. Helmut Skutta will ihn heuer noch verfeinern, ohne das Rezept zu verraten. Ziel der Qualitätsverbesserung ist ein Most, der wie Champagner schmecke. Warten wir's ab.
Eine Besonderheit, die man vermutlich nirgends auf einer Karte findet, hat das Gasthaus noch anzubieten, nämlich das Oberwäldener Mon Chérile. Jenes besteht aus einem Schucker Kirschwasser, der mittels Fingerbohrung in ein Mohrenköpfle und dann in den Schlund gelangt.
Der Wirt demonstriert stilecht die Prozedur, während die Sonne sich langsam verabschiedet. Die Gäste im Garten frösteln. Die Feuerwehrmannen, die vom Maibaumholen kommen, ordern das nächste Bier lieber im gemütlichen Gastraum mit der Einrichtung aus dem Jahre 1928, die in der Zwischenzeit kaum verändert wurde. Sie setzen sich in die Nähe des jahrzehntealten Holzofens, der im Winter auch für das zu beheizende Nebenzimmer genügend wohlige Wärme abgibt. Draußen hat der blonde Paul seine Zeche gezahlt und sich, unbemerkt vom Wirt, aus dem Staub gemacht. Seinen silberhaarigen Tischnachbarn lässt der sportiv aussehende Mittvierziger noch wissen, dass er nun wieder abhebt in seine zweite Heimat. Ans andere Ende der Welt – nach Perth in Australien. Er sei zu einem Familienbesuch im

Die Galeristin und die Künstlerin: Agi Schilling und Anneliese Hermes verbindet Kunst und schwäbische Esskultur

Remstal gewesen und habe währenddessen seinen Gaumen für ein paar Wochen mit urschwäbischer Küche kitzeln lassen. Zum Beispiel mit Wurstsalat in Oberwälden. Die Australier könnten zwar vieles, auch eine Olympiade ausrichten, »aber en Wurschdsalat, des kriaget se net na«, poltert Paul und macht sich auf, Richtung Flughafen. In Perth ist der Morgen schon angebrochen.
Zeitensprung in Oberwälden. Vor dem Gasthaus ist Weihnachtsmarkt. Glühweindüfte konkurrieren mit dem Geruch von Sauerkraut und Bratwürsten. Schneeregen fällt auf die Stände der Vereine. Den kleinen Markt hat Helmut Skutta zusammen mit dem Kronen-Wirt des Ortes initiiert. Er ist ein fester Bestandteil des Dorfgeschehens. Selbstgebasteltes und -gebackenes wird angeboten, darunter die kunstvoll verzierten, perfekten Pralinen der Oberwäldener Frauen. Frierende wärmen sich zwischendurch am Ofen des »Lamms« und die Hände an den Krügen mit Glühmost. Prall gefüllt ist der

Wo der holzgeschürte Ofen die Hocker wärmt …

Beach des Indischen Ozeans. Nun sei er hungrig und gebe ein Königreich für einen Wurstsalat nebst einem kühlen Kruge voll mit Most. Doch die Queen wird's nicht zulassen, Australien gehört immer noch ihr. Paul isst in der Verzweiflung noch'n Sandwich (»datschig wie d'Sau) und schaltet gegen zwölfe das Licht aus. Vor dem Buckingham-Palace ist derweilen Wachablösung. Und im Lamm in Oberwälden bestellt der Silberhaarige, der sich im Paradies auskennt, wieder mal einen Bachschdoikäs mit Holundergsälz … Und die Erde, ja, sie bewegt sich doch.

Korb mit Holzscheiten, die der Wirt im Vorbeiflitzen auffüllt und ins Türle schiebt. Das wird er nun monatelang machen, bis der Frühling vom Eise befreit ist und die Gartenstühle wieder ihrer Bestimmung übergeben werden können. Den Winter treibt man in Oberwälden am Faschingsdienstag besonders heftig mit Tanzen bis zum Abwinken aus. Da twisten Nonnen mit Sträflingen, und der Wirt führt die Polonaise an, während Ehefrau Inge mit den helfenden Pappnasen-Geistern am über 70 Jahre alten Herd in der Küche für kulinarischen Nachschub sorgt. Passend zum nahe gelegenen kleinen Feuersee, singen die Närrinnen und Narren »Schön ist die Liebe im Hafen« bis zum Morgengrauen, wenn Nebelschwaden den Teich umhüllen.
Zeitensprung nach Australien. Es ist Februar, und das Thermometer klettert auf 38 Grad. Im Schatten. Paul hat nach wochenlanger Funkstille mal wieder bei der Verwandschaft angerufen. Er war Golf spielen und am

Der Finger bahnt dem Kirschwasser den Weg ins Mohrenköpfle

Das Autorenteam

Von links: Michael Städele, Renate Seibold-Völker, Hardy Zürn, Gaby Schneider

Renate Seibold-Völker

Geboren 1953 in Schorndorf, verheiratet, zwei Söhne. Nach Ausbildung zur Redakteurin in einem Stuttgarter Zeitschriftenverlag journalistisch tätig in Pressestellen und einer Nachrichtenagentur. Seit 1985 freie Journalistin und Autorin.

Michael Städele

Geboren 1954, verheiratet, mit 17 Jahren erstmals journalistisch tätig. 1975 Volontariat beim Zeitungsverlag Waiblingen. Seit 1978 Redakteur bei den »Schorndorfer Nachrichten«.

Andreas Krohberger

Geboren 1952 in Schorndorf, aufgewachsen im Hochschwarzwald. Studium der Germanistik und Politik in Stuttgart. Volontariat beim Zeitungsverlag Waiblingen, Redakteur bei den Stuttgarter Nachrichten, anschließend beim Zeitungsverlag Waiblingen.

Gaby Schneider

Geboren 1959 in Verrenberg, Hohenlohekreis. Zunächst Ausbildung als Regierungsassistentin beim Landratsamt Hohenlohekreis in Künzelsau. 1977 bis 1979 Ausbildung zur Porträtfotografin. 1979 bis 1981 tätig als Porträtfotografin. Seit 1981 Pressefotografin beim Zeitungsverlag Waiblingen.

Hardy Zürn

Geboren 1959 in Stuttgart, aufgewachsen im Rems-Murr-Kreis. Lehre als Porträt- und Werbefotograf. 1980 Volontariat als Pressefotograf beim Zeitungsverlag Waiblingen. Sieben Jahre selbständiger Fotojournalist für Tageszeitungen und Magazine im In- und Ausland. Seit 1988 als Pressefotograf tätig für den Zeitungsverlag Waiblingen. Sieht sich als Kämpfer für die »Renaissance des stehenden Bildes«.

Buchveröffentlichungen des Teams Seibold-Völker/Städele/Schneider/Zürn:
... oifach schwäbisch – Heimelige Wirtschaften zwischen Rems und Murr (1993), Himmelreich und Erdafetz – Süffige Geschichten vom Remstäler Wein (1999).

Die Deutsche Bibliothek – CIP-Einheitsaufnahme
Ein Titeldatensatz für diese Publikation
ist bei Der Deutschen Bibliothek erhältlich.

1 2 3 4 5 05 04 03 02 01

Die Vorlagen für die historischen Abbildungen wurden freundlicherweise
von den Gastwirten zur Verfügung gestellt.
Foto Seite 5: SWR/Schweigert, Seite 95: Gabriel Habermann.
Umschlaggestaltung: Frank Butzer, Tübingen,
unter Verwendung eines Fotos von Hardy Zürn, Korb.
Layout: Brozio Grafik & Design, Bernd Brozio, Reutlingen.
Druck: Ernst Uhl, Radolfzell am Bodensee.
Printed in Germany.

ISBN 3-87407-387-4

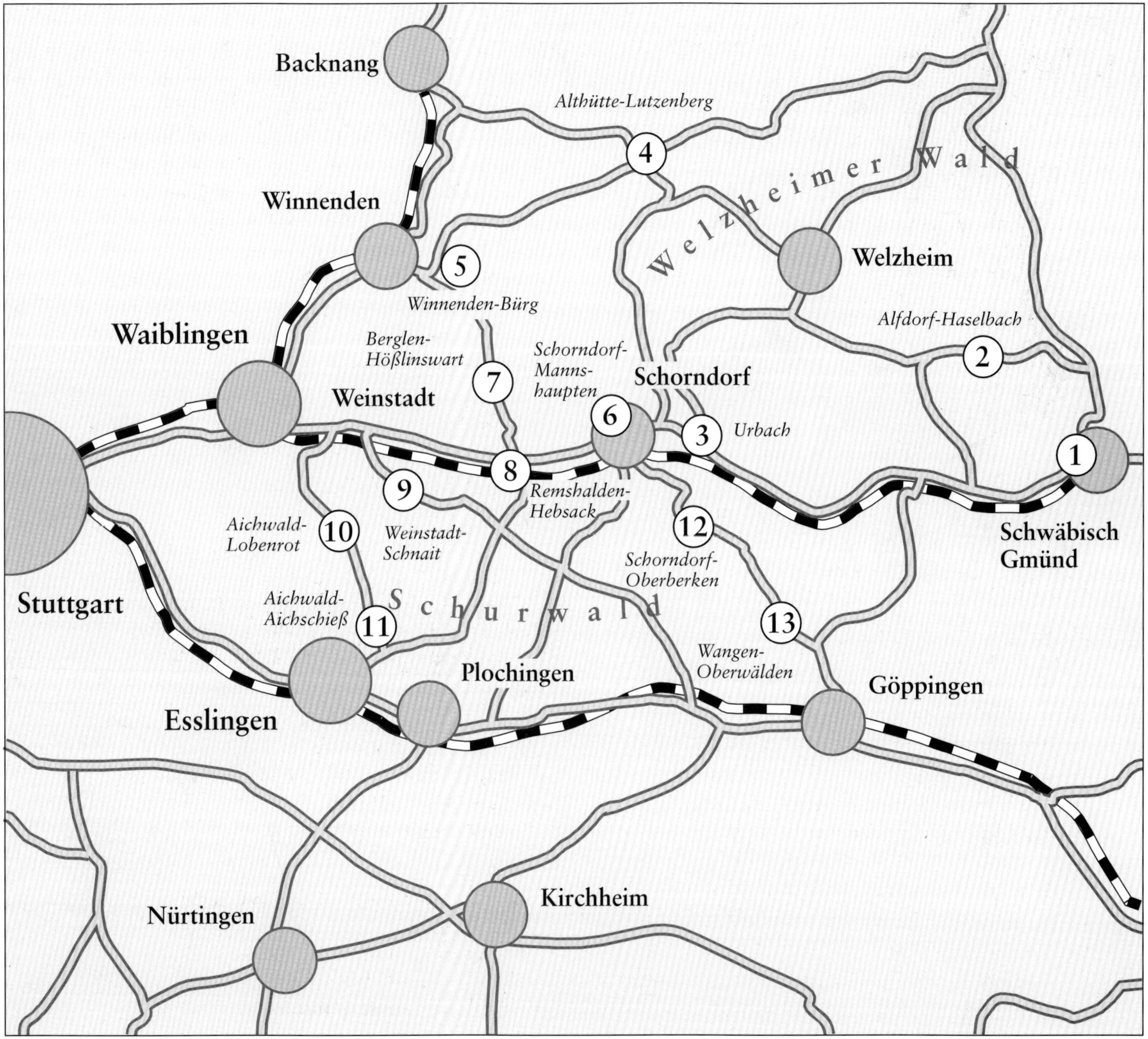
Backnang
Althütte-Lutzenberg
4
W e l z h e i m e r W a l d
Winnenden
5
Winnenden-Bürg
Welzheim
Alfdorf-Haselbach
2
Waiblingen
Berglen-
Höẞlinswart
7
Schorndorf-
Manns-
haupten
Schorndorf
Weinstadt
6
3
Urbach
1
8
9
Remshalden-
Hebsack
Aichwald-
Lobenrot
10
Weinstadt-
Schnait
12
Schorndorf-
Oberberken
Schwäbisch
Gmünd
Stuttgart
Aichwald-
Aichschieß
11
S c h u r w a l d
13
Wangen-
Oberwälden
Plochingen
Göppingen
Esslingen
Kirchheim
Nürtingen